백수아지매, 주식으로 10억 만들기

백수아지매, 주식으로 10억 만들기

book21.com

주식은 밥이다

'주식'은 이제 더 이상 투기꾼들이나 하는 은밀한 게임이 아니다. 주식이란 용어는 어린아이들에게도 낯설지 않은 경제용어로 자리잡았으며, 자본주의 사회에서 신분 상승을 위한 하나의 수단으로 탈바꿈하고 있다고 해도 틀린 말은 아니다.

이것을 누구는 뜬구름을 잡는 허황된 얘깃거리로 넘겨버릴 수도 있겠다. 하지만 나는 모두가 똑같은 길을 걷고 똑같은 방법으로 살아가지 않는 것처럼, 돈을 버는 방법에도 여러 가지가 있으며 주식도 그 중 한 가지 방법일 뿐이라고 말하고 싶다.

그 한 가지 선택의 길에서, 내가 쓴 주식에 관한 이야기들이 주식투자를 결심한 주식 투자자들에게 조그만 도움을 줄 수 있다면 그 또한 나의 보람이라 생각하며 글을 시작한다. 그래도 10여 년 주식과 같이 생활해온 나이기에, 주식 초보자들에게 '누구나 부자가 될 수 있다'는 희망을 줄 수 있을 거란 기대감으로 과감하게 두 번째 책을 내게 되었다.

　주식투자를 해서 성공한 방법은 너무나 많다. 주변을 살펴보면, 얼마를 어떻게 벌었다는 주식성공 스토리도 많고, 주식에 관한 기법설명이 상세하게 정리되어 있는 책들도 많다. 그러나 나는 그런 책들 속에 없는 얘기들을 하고 싶었다. 너무나 단순한 원리지만, 나는 지금껏 주식에 관한 조언을 할 때면, 욕심을 버리면 성공할 수 있다고 힘주어 말했다. 그리고 주식시장에서 연습매매를 통해서 주식의 달인이 되라고 목청껏 부르짖었다.

　이 책에서는 별것 아닌 것 같은 이 말의 가치를 말하고 싶다. 이것이 주식을 처음 접하는 주식 투자자들에게 공허한 메아리로 들리지 않고 반드시 1백만 원의 종자돈으로 백억대의 부자가 되는 대열에 서는 데 도움이 되길 간절히 바란다.

　지금 내가 살고 있는 중국의 진 황도에는 어젯밤부터 난방시설이 공급되기 시작했다. 이곳은 겨울철에 접어드는 11월 5일부터 다음해 3월 15일까지 정부차원에서 난방을 공급해준다. 우리와는 사뭇 다른 생활환경에 낯설고 불편하기도 하지만, 무엇이든 익숙해지면 그 불편함의 정체가 드러나면서 객관적인 안목이 생기는 법이다. 아무튼 훈훈한 이웃나라의 정을 느끼며 나는 지금 이곳 진 황도에서 살고 있다.

　처음 중국에 왔을 때 온통 붉은 색들이 이상하게만 여겨졌는데 어느새 내가 좋아하는 색깔로 변화했고, 이제는 이곳 중국인들과 농담도 주고받을 만큼 그들의 문화도 알게 되었다. 주식을 포함해 모든 것이 알고 나면 그만큼 사랑스러워지는 것 같다.

사실 나는 이 책의 출판을 제의받았을 때 많은 고민을 했었다. 나 자신이 아직까지는 완벽하게 성공의 의미를 되새기기에는 너무나 멀었다는 생각이 들었다. 또 이 책을 읽는 독자 분들이 내가 전달하는 내용을 잘 받아줄지에 대한 확신도 생기지 않아 이것저것 걱정스러웠기 때문이다.

　지난번 얼떨결에 발간한 첫 책에 대한 평도 부끄러운데, 막상 두 번째 책을 내밀면서 독자들에게 내가 알고 있는 것들을 글로써 소신 있게 전달하기란 여간 민망한 일이 아니다.

　하지만, 순간순간마다 세상이 바뀌어가고 있다는 걸 우리는 피부로 느끼며 살고 있다. 더구나 가진 것이 없다고 부끄러워하지 말라는 것은 이미 옛말이 되어버린 현실이 아닌가. 안타깝지만 모두가 맹목적으로 부를 향한 새로운 돌파구를 찾아나서는 게 오늘의 현실이다. 그렇다 보니 부를 창출하는 방법에 대한 고민은 이제 특정인만의 것은 아니다.

나 또한 아무것도 모르던 아줌마로서 주식을 시작하고, 나름 성공해서 이제 이런 책을 통해 내가 알고 있는 것을 전달해줄 정도까지 되었다.

나는 특별히 이 책을 대한민국 아줌마들이 읽어주길 바란다. 그녀들에게 주식이 또 하나의 밥이 되길 권한다. 누구나 노력하면 얻을 수 있는 것인데, 누구보다도 열혈심성을 갖고 있는 그녀들이 주식의 매력을 모른다는 사실이 너무나도 안타까운 것이다.

그동안 한 권의 책을 만들기 위해 여러 방면으로 도움을 아끼지 않은 21세기북스 출판 관계자 여러분께 진심으로 감사를 드린다. 아울러 주식의 '주' 자도 모르면서 미리 초고를 읽어주고 초보 투자자들에게 많은 도움이 될 것 같다고 끝까지 나를 밀어주고 믿어

준 남편, 엄마로서 항상 부족한 나를 이해해주는 사랑하는 두 아들 경섭, 윤섭에게 고마운 마음을 전하다.

중국 진황도에서
백수아지매, 이난희

차례

프롤로그 주식은 밥이다 4

PART 1 백수아지매의 주식 인생 1라운드

01_ 돈 튀겨주는 주식투자에 반하다 17
기회의 땅, 서울로 입성하다
주식主食을 버리고 주식株式을 취하다
주식에는 투자의 노선표가 존재한다
유독 초보자의 하늘에서만 산성비가 내린다
누가 주식시장에 호박씨를 몰고 왔는가

02_ 8백만 원 수업료로 단타기법을 배우다 40
인간이 만든 최고의 걸작, 데이트레이딩의 마술
자신의 감정체형에 맞는 투자 스타일을 찾아라
단기투자를 일회성 투자로만 보지 마라
아침 시초가 매매 종목의 차트부터 살펴라
대중의 반대편에서 투자의 깃발을 흔들어라
내 것이 아니면 과감히 끊어라

03_ 주식시장에서 쫓겨나다 72

주식도 일편단심 투자자를 좋아한다
연습매매는 주식 초보자의 첫 번째 의무다
승리는 1퍼센트 차이로 결정된다
세력주와 공생협정을 맺어라
주식투자에서는 주식시장의 시계를 좇아라
주식시장에서 잠시 외출하다

PART 2 백수아지매의 주식 인생 2라운드

01_ 쨍하고 볕이 들다 99

분할매수와 손절매 전략을 무시하면 백전백패
투자 실패의 덫에서 빠져나오게 해준 333전법

차례

10억 만들기의 발판을 마련해준 투자비기
주식시장에서는 생존자가 최후의 승리자다
손실금에 대한 미련은 더 큰 악몽을 불러온다
주식투자 실패담은 동일한 골격을 가지고 있다
초보자에게 전하는 추천곡, '주식은 아무나 하나'
초보에서 고수로 넘어가는 언덕을 점령하라
투자자의 심리적 여유가 수익으로 연결된다

02_ 골드 칩은 반드시 냄새를 풍기면서 오더라 129
나만의 기법을 지녀라
돈을 묻기 전에 수급 날씨부터 파악하라
호가창과 통하였느냐?
돈을 차갑게 사랑하라
삶이 그대를 속일지라도 투자하라
테마주 주인자리를 세력에게 넘기지 마라
백 주의 졸병보다 한 주의 테마 대장을 잡아라

03_ 나만의 공격무기가 꿈같은 10억을 만든다 151

인생은 엇박자일수록 억 소리가 난다

10억 만들기의 시작은 소비감량이다

한 종목에 관심을 집중하라

주식투자, 아줌마도 얼마든지 할 수 있다

조급증과 결별해야 투자수익을 얻는다

추락하는 주식에는 날개가 없다

주식시장에서 살아남는 방법, 몸으로 익혀라

성공 투자의 3대 조건을 명심하라

엄마에겐 모성애, 아줌마에겐 돈성애가 있다

에필로그 만만디, 조급해하지 말지어다 188

PART 1

백수아지매의
주식 인생 1라운드

01

돈 튀겨주는
주식투자에 반하다

기회의 땅, 서울로 입성하다

1997년 겨울, TV 뉴스를 통해 가장 자주 나온 말이 IMF였다. 무조건 영어로 쓰여 있으면 근사한 말인 줄만 알았다. 나는 이처럼 시사에는 무관심하게 사는 배부르고 등 따듯한 주부였다. 경제가 뭔지, 어떻게 해야 부자가 되고 돈을 모을 수 있는지에 대해서는 전혀 관심이 없었다.

알게 모르게 내가 누리는 일상에 만족했고, 모자라지도 넘치지도 않는 생활에 길들여졌다. 그러나 이러한 생각들도 잠시뿐, 변화에 순응할 수밖에 없는 IMF가 우리를 선택의 기로에 놓이게 만들었다.

남편이 다니는 L사는 대기업 중의 하나였다. 하지만 큰 기업에서부터 불기 시작한 구조조정은 거센 회오리바람처럼 순식간에 몰아닥쳤다. 당시 많은 기업들이 쓰러지면서 중소기업이든 대기업이든 경영자와 근로자 모두가 힘든 시간이었다. 자신의 책상을 지키지 못하면 공원벤치에서 가족생계를 걱정해야 했다. 이런 한국 남자의 자화상은 남의 집 일만은 아니었다.

그나마 남편은 작은 안도의 숨을 쉴 수 있었다. 그렇다고 마음을 놓아야 할 처지도 못 되었다. 남편이 몸담았던 사업부는 다른 계열사로 편입되었는데 그 과정에서 많은 시련을 겪어야만 했다.

계열사 입장에서 보자면 자신들도 차지하고 앉을 하나의 자리가 아쉬운 판에 덩치 큰 녀석이 비집고 들어온 격이니, 당연히 미운 오리새끼와도 같았을 것이다.

남편 역시 처음 입사할 때는 L 계열사 중에서 가장 큰 계열 회사에 몸담고 있었지만 하루아침에 다른 집에 가서 한솥밥을 빌붙어 먹는 신세가 되어 불확실한 자신의 미래에 대해 힘겨운 시간을 보내야만 했다. 그런 상황에서 남편은 서울로 발령이 났다.

지금 생각해보면 10년 전, 나는 왜 그렇게도 똥고집을 부렸는지 모르겠다. 그날부터 나는 서울 가서 못 살겠다는 어깃장을 부리기 시작했다.

그때 나는 촌놈이나 다름없었다. 대학도 최고 학부였다고는 하지만 지방에서 나왔고, 어릴 때 도덕 시간에 받은 반공 교육에서 북한공산당은 모두 빨갱이인 것으로 착각했던 지난날 생각처럼 서울 사람들은 모두가 깍쟁이일 거라는 편견으로 가득 찼다.

당시 나의 소망은 나의 형제와 부모, 친구들을 마음만 먹으면 언제든지 볼 수 있기를 바라는 것이었다. 더불어 힘 좋은 아지매인 내가 향토를 지키지 않으면 누가 지킬 것인지도 관심대상이었다. 분명 어깃장이었지만 내게는 그냥 지나칠 수 없었던 문제이기도 했다.

여자들은 결혼이란 걸 하게 되면 가정이라는 둥지에 작은 변화라도 생기면 '기껏 공들여놓은 둥지가 허물어지지는 않을까?' 노심초사하게 된다. 아마도 나 혼자가 아니기 때문일 것이다. 자녀를 보호해야 하기에, 만에 하나라도 둥지에 잘못된 일이 발생할 수도 있다는 가능성만으로도 두려움의 대상이 되었기 때문에 환경의 변화를 쉽게 받아들이지 못한 것이다.

남들은 서울이라는 막연한 가능성에 오히려 잘된 일이라고 말하지만 남편은 연애시절과는 달리 '지금 상황에서 이 회사가 아니면 갈 곳이 없어'라며 현실에 순응하는 모습이 나의 가슴을 저리게 만들었다.

분명 우리들의 남편도 장동건보다 멋진 청춘시절이 있었을 것이다. 아무리 진입장벽이 높은 도전일지라도 젊다는 이유로, 남자라는 이유만으로도 거뜬히 올라설 수 있는 기개를 지녔던 청춘 말이다. 결혼을 하고 난 후, 한 가정의 남편으로, 아버지로 살아가기에도 힘에 부치게 되었고 두둑했던 배짱 대신 간수하기도 힘든 배만 키우는 꼴이 된 것이다.

나 역시 남편이 자존심 대신 가정을 위해 현실을 인정할 수밖에 없는 선택이었다는 사실을 알 수 있었고, 설마 산 사람 코를 베어가겠냐고, 두려움을 떨치고 서울 천도를 감행하였다.

주식主食을 버리고 주식株式을 취하다

1998년 8월 한여름, 우리 가족은 서울로 이사를 왔다. 낯선 서울 생활에 적응하느라 정신없던 어느 날 친구에게 전화가 걸려왔다. 그녀는 남정네들이 줄을 서가며 낚아갈 준비를 했을 만큼 예쁘고 착한 친구였다. 그녀의 남편은 수많은 경쟁률을 뚫고 인기절정의 미녀를 낚아채는 행운을 거머쥐었다.

아무튼 그 친구는 남편과 결혼 후 줄곧 서울에서 살았다. 나보다 10년이나 먼저 서울 생활을 한 덕분에 고맙게도 지하철이 뭔지도 버스 노선도 잘 모르던 나를 옆에서 잘 챙겨주었다.

어느 날, 그 친구는 내 남편의 회사 일에 대해 물어왔다. 남편과 한솥밥을 먹고, 한이불을 덮고 사는 사이지만, 워낙 바깥일에 관심이 없던 나인지라 별로 아는 것이 없었으니 대답해줄 것도 없었다. 사실 이불 속에서 남편이 다니는 회사이야기를 나누는 부부가 대한민국에 몇이나 되겠는가?

그러나 그녀는 언론사에 근무하는 남편 덕에 경제, 시사, 문화, 교육 각 방면에 해박한 지식을 가지고 있었다. 서당개 3년이면 풍월을 읊는다더니, 이는 바로 내 친구를 두고 나온 말이었다.

나는 전업주부로서 솥뚜껑 운전을 잘하는 것이 최고라 생각했다. 나에게는 정치, 경제, 사회 문제보다 더 중요한 것이 바로 우리 식구가 먹을 '밥'이었다. 오늘은 무엇을 해서 먹이나, 아이들 학원은 어디가 좋다는데, 남편 보약이라도 한 제 지어먹여야 하나 등의 문제는 나랏일만큼이나 중요한 것이었다.

그런데 그녀는 주식主食이 아닌 또 다른 주식株式을 얘기를 하고 있었다. 처음 그녀에게 주식 얘기를 들었을 때, '밥 얘기는 지겹다'고까지 했던 나다. 하지만 이에 아랑곳 않은 그녀는 쌀이 정말로 뺑

튀기되는 전설 같은 말들을 쏟아놓기 시작했다.

'2만 원이 금방 4만 원이 되고 끝도 없이 부풀어오른다'는 머니 판타지 소설을 읊어주기 시작한 것이다. 상식적으로는 이해할 수 없는 말들이었다. 지금까지 살아오면서 그런 판타지 얘기는 들어보지도 못했건만, 역시 서울이 다르다는 생각이 들었다. 어서 달려가 그곳에 있는 주식이라는 놈을 모조리 사고 싶어졌다.

사실 나는 꼼꼼하고 알뜰살뜰한 주부는 아니었다. 경제개념이라는 것도 거의 없어 남편의 수입은 물론 내가 번 돈도 제대로 간수하지 못했다. 가계부는커녕 통장 하나도 관리하지 못했던 내게 기업분석은 너무도 어려운 문제였다.

게다가 당시만 해도 주식은 대중화된 투자방법도 아니었고, 속된말로 투기꾼이나 전문가들만이 손댈 수 있는 괴짜들의 영역이란 인식이 강했다. 때문에 아무도 나의 주식얘기에 관심이나 호응을 보이지 않았다.

하지만 나는 친구를 통해 주식이야기를 들은 그날부터 밤마다 기와집을 몇 채씩 지었다 헐기를 반복하면서, '주식은 반드시 나에게 대박을 안겨줄 것'이라는 꿈을 키워나가기에 여념이 없었다. 이런 확고한 신념 앞에는 어떠한 걸림돌도 존재할 수 없었다.

내가 처음 주식시장에 참여하게 된 방식은 '공모주'였다. 1998년부터 코스닥 붐이 일기 시작한 2000년까지 공모주는 그야말로 뻥튀기 제조기였다. 공모주란, 기업이 공모를 할 때 일반인들에게도 자사의 주식을 매수할 수 있도록 내놓은 것을 말한다. 쉽게 말하면, '공개적으로 우리 회사 주식을 살 사람을 모집합니다' 정도로 이해하면 된다.

공모주를 매수하기 위해서는 일반인들이 공모주 청약에 나서는데, 이는 그 주식을 사겠다는 표시를 하는 것이다. 당시만 해도 공모주를 통해 배정받은 주식이 증권거래소에 상장된 후, 주가가 발행가를 웃돌았기에 높은 시세 차익을 얻을 수 있었다. 하지만 지금은 주가가 공모가보다 내려가는 경우가 많아 예전만큼 선호하는 투자방식은 아니다.

무식하면 용감하다고 했던가? 나는 2만 얼마에 200주를 받았는데, 왜 내가 원하는 만큼 주식수를 주지 않느냐고 창구 직원한테 억지를 부릴 만큼 주식에 문외한이었다. 그리고 얼마 지나지 않아 나의 첫 투자대상인 LG정보통신이 싹을 틔우기 시작했다. 친구 말처럼 상장이 되자마자 4만 원이 넘어버린 것이다. 내가 신청하고 두세 달이 지나고서 말이다. '이렇게 남는 장사가 세상에 또 어디 있을까' 신기해하며, 더 많은 주식을 받지 못한 것을 두고두고 후

회하기도 하였다.

　주식을 알려준 친구는 심하게 들떠 있는 나를 보며 '장기 보유' 하라고 신신당부했다. 하지만 더 이상 욕심을 부리면 개구리 배처럼 금세라도 터져버릴 것 같아 누가 볼세라 얼른 팔아치웠다. 내가 투자한 금액의 두 배 이상의 고수익을 얻었으니 매우 만족스러웠다. 그런데도 무슨 일인지 그 주식은 배가 터지기는커녕 가격이 계속 올라, 어느새 내가 판 가격의 두 배를 넘어버렸다. 당시 주식시장은 자고 나면 가격이 상승하여 행복한 나날의 연속이었다. 때문에 주식은 반드시 내 인생을 성공시켜줄 역전의 기회란 확신이 더욱 확고해졌다. 그리고 나는 주식과 동거동락하는 데 도움이 되지 않는 것을 과감히 정리해 나가기로 마음먹었다.

　먼저 가장 큰 걸림돌은 아이들이었다. 두 녀석 모두 어렸으므로 누군가의 보살핌이 필요했다. 나는 아이들을 유치원이라는 허울 좋은 울타리에 가두어버렸다. 이로써 가장 큰 문제가 너무도 쉽게 해결된 것이다. 그런데 문제는 '밥'이었다. 나도 밥 힘으로 살고 있지만 특히 남편은 삼시 세 끼를 반드시 밥을 챙겨 먹어야만 하는 '밥교주'였다. 아들 두 녀석도 그런 애비를 닮아 눈만 뜨면 밥 달라는 게 아침인사였다.

나도 투자를 하려면 정보도 얻으러 다녀야 하고, 밤에는 이웃나라 경제가 어찌 돌아가는지 걱정도 해야 했다. 행여 북쪽의 정일 오빠가 핵을 폭발한다 칭얼대기라도 하면, 밤새 그 얘기에 귀를 기울여야 했다. 때문에 뜬눈으로 밤을 지새우게 되고, 새벽같이 일어나 아침 식사를 챙기는 일은 체력적으로 정신적으로 큰 무리가 있었다. 한때는 가장 큰 걱정거리였던 '밥'이 주식株式이라는 커다란 파도 앞에서 소소한 문제로 치부되기 시작한 것이다.

　여러 가지 고민 끝에 나는 묘안을 생각해냈다. 그것은 단기간 동안 고수익을 챙긴 나의 업적을 가족들에게 부각시키는 일이었다. 그리고 나의 능력이 방구석에서 썩기 아까우니 큰물로 보내줄 것을 요청했다. 예나 지금이나 나를 바라보는 눈의 콩깍지를 벗지 못한 남편은 사회에서 내가 험한 꼴을 볼 것을 걱정스러워하며, 차라리 아침밥을 굶겠다며 절대 내보내줄 수 없다고 했다. 하지만 나의 끈질긴 설득으로 3일 천하에 승낙을 받고 말았다.

　당시만 해도 집에서 거래(트레이드, trade)를 할 수 없는 시대였다. 반드시 증권사 객장으로 나가야만 주식을 사고 팔 수 있었다. 남편은 객장에는 아무래도 남자들의 수가 월등히 많았으므로, 그런 곳에 세상물정 모르는 아내를 내보내기에 불안했을 것이다. 하지만 나는 오로지 기와집 열 채 짓는 것에 집중했으므로, 그 어떤 장벽도 높아 보이지 않았다. 그렇게 나는 주변의 소소한 장애들을 해결하고, 공모주로 벌어들인 수익금 400만 원과 원금 400만 원을 합해 거금 800만 원을 옆구리에 차고 매일같이 객장으로 출근도장을 찍으며, 주식 역사의 새로운 주인공이 되기 위해 달려갔다.

주식에는 투자의 노선표가 존재한다

전광판의 주식은 살아 있는 생물처럼 수시로 빨간색과 파란색으로 옷을 갈아입으며 투자자들을 유혹하고 있었다. 너무도 순식간의 일이라 어느 장단에 춤을 춰야 할지 가늠조차 할 수 없었다. 더구나 컴맹인 나는 객장에 마련된 컴퓨터도 다룰 줄 몰랐고, 캔들과 이평선의 개념조차 없는 내게 객장은 그야말로 미스터리 그 자체였다. 때문에 가족에게 큰소리 치고 나왔던 것과 달리, 나의 일과는 아침 일찍 객장에서 전광판만 뚫어져라 쳐다보고 오는 게 고작이었다. 그러던 중 여러 사람의 입을 통해 투자자들의 신화를 들을 수 있었는데, 그야말로 모두가 입이 떡 벌어질 얘기들이었다.

황씨 아저씨는 점심 먹고 왔더니 상한가 10방을 갔다는 둥, 최씨 아저씨는 200만 원 투자금액이 2억이 됐다는 둥, 오씨 아줌마는 남편 퇴직금으로 강남 10층 빌딩을 샀다는 둥 기네스북에 오를 얘기들이 귀를 간질이고 있었다.

그날부터 적과의 동침은 시작되어 주식의 '주' 자만 붙은 책이란 책을 몽땅 사다 읽기 시작했다. 그렇게 주경야독을 하고 아침이면 객장으로 달려나가 주식을 살펴보길 여러 날, 드디어 주식투자의 간단한 답을 찾을 수 있었다. 바로 정배열 상태의 이동평균선만 찾으면 어려울 게 하나도 없다는 것이었다.

주식을 오래 한 투자자들은 산을 오를 때 산등성이가 주식의 이평선처럼 느껴질 때가 많다고 한다. 이동평균선은 흔히 이평선이라고 부르는데, 당일 주가의 움직임을 기록한 것이다. 예를 들어 20일 동안의 가격의 합계를 20일로 나눈 평균 주가가 바로 20일 이동평균선이다. 5일선을 비롯하여 20일선, 60일선, 120일선, 200일선 모두 같은 방법으로 만들어졌다고 보면 된다.

다시 말하면 주식이란 5일 이평선이라는 아버지 아래 4명의 이평선 아들을 두고 있는 것이다. 아버지인 5일선이 위급할 때는, 일차적으로 장남 20일선이 그를 받쳐줘야 한다. 하지만 아버지가 중병으로 진행되어 오랜 시간이 걸릴 때는 60일선 차남과 120일선인 셋째아들이 병석을 지켜야 한다. 하지만 이들도 아버지를 지키지 못했을 경우, 200일선인 넷째가 버팀목 역할을 해야 하는데, 세 형들도 못한 것을 어찌 막내가 할 수 있겠는가? 때문에 200일 이평선 까지 무너지면 아버지를 잃게 되는 것은 자명한 이치다.

특히 단기 트레이딩(trading)은 일시적으로라도 5일 이평선이 무너진 종목에는 눈길도 주지 말아야 한다. 더불어 20일선 장남은 5일 이평선과 목숨을 함께한다는 사실도 알아야 한다. 마지막으로 이평선의 서열이 엉킨 콩가루 집안(역배열) 역시 주의해야 할 것이다.

이런 이평선의 신비를 찾았을 때의 기쁨을 그 무엇에 비교하랴. 나는 다음날 객장 문이 열리기를 기다리며, 새로운 신화의 주인공이 되리란 강한 확신에 젖어들었다. 빙산의 일각을 발견하고는 마치 신대륙을 발견한 콜럼버스처럼 호들갑을 떨었던 것이다.

모든 준비는 끝났다. 게다가 방아쇠만 당기면 될 만큼의 총알도 가지고 있었다. 그날부터 또다시 내게 대박의 기쁨을 안겨줄 종목을 찾기 위해 전광판의 비밀을 샅샅이 뒤지기 시작했다. 바로 그 때 공부한 그대로 환상의 차트를 그리고 있는 종목이 눈에 들어왔다. 나는 독수리가 먹이를 낚아채듯 매수용지를 집어들었다. 행여 누가 볼세라 주위를 살피며 매수한 종목이 대우중공업 300주였다. 나의 분석과 한 치의 오차도 없는 종목이었다. 5일선을 따라서 20일선, 60일선, 120일선, 200일선이 정배열을 하고 모두가 씩씩하

게 높은 고지를 향해 달려가고 있었다. 무엇보다 당시 대우중공업
이라는 회사 규모에 비해 주가가 5,000원밖에 되지 않는다는 것이
이해가 되지 않았다. 당시 '기업의 크기와 주가는 비례한다' 는 나
만의 기본 분석법이 있었다.

모든 것이 맞아떨어졌기에 지체할 이유가 없었다. 매수창구로
달려가 과감하게 매수용지를 내밀었다. 뒤늦게 안 사실이지만 주
식 초보자들이 나와 같은 생각으로 당시 가장 많이 산 종목이 대
우중공업이었다고 한다. 사실 주식 초짜였을 때 나만의 기업분석
방법은 황당하다고 여길 만했다.

그렇게 사둔 대우중공업은 다음날부터 완전히 돌덩어리가 되어
있었다. 5,000원이 금방 만 원이 되어야 했는데 어찌된 일인지 나
날이 땅끝으로 추락하고 있었다. 뒤늦게 안 사실이지만 대우중공
업은 가격이 오를 대로 올라 더 이상 상승할 여력이 없는 종목이
었던 것이다.

하지만 나만의 굳은 신념이 있었기에 가격이 내릴 때마다 추가
매수에 박차를 가했다. 손실에 대한 공포로 최악의 수라 불리는
'물타기' 를 한 것이다. 물타기는 자신이 매수한 평균단가를 낮추
기 위해 추가로 주식 수를 늘리는 것을 말하는데 이는 물귀신처럼
투자자들의 발목을 잡는다.

처음 300주였던 주식 수는 어느새 3,000주가 되고 평균단가는

4,000원에서 멈췄다. 잘못된 물타기로 주식 수만 늘려놓은 꼴이 되었다. 결국 주가가 2,000원까지 떨어졌고, 나는 더 이상 버틸 힘이 없어서 눈물을 머금고 정리를 했다. 1,200만 원이 600만 원이 되는 데는 한 달도 걸리지 않았다.

다음으로 도전한 종목은 삼성중공업이었는데, 이 역시 시장의 변화에 빨리 대응하지 못하는 무거운 종목이었다. 당연히 하락도 상승도 더딘 속도로 진행될 수밖에 없었다. 하지만 이미 큰 손실을 보고 있던 나는 빨리 원금을 찾아야 한다는 생각에 그 더딘 움직임을 견뎌내지 못했다. 결국 또다시 손절을 하고 말았다.

밤을 새워 습득한 지식에 충실하게 종목을 공략했지만, 차트는 말 그대로 선행된 지표일 뿐이었다. 이평선이 아무리 정배열을 하고 있어도 예상치 못한 변수가 얼마든지 생길 수 있다는 사실을 몰랐던 것이다. 나는 그렇게 손실을 입으며 주식을 사고팔고 주식시장의 섭리를 배워가기 시작했다.

피 같은 내 투자금이 반토막 나는 데는 그리 많은 시간이 걸리지 않았다. 그렇게 엎어지고 깨질수록 이를 악물고 무모한 도전을 거듭해 증권사 배불리기에 여념이 없었다. 나의 정성이 통했는지 마침 주식시장에서는 새로운 법을 선포했다. 성질 급한 나를 배려하여 주식을 3일 동안 보유하지 않고, 하루에도 얼마든지 사고팔 수 있도록 한 내용이었다. 매일 황씨 아저씨, 김씨 아저씨 눈치를 보면서 몇 안 되는 증권사 컴퓨터 앞에서 고생했는데, 이제 집에서 편안하게 마음껏 해보라며 '데이트레이딩' 이라는 신의 선물도 내려주었다. 데이트레이딩은 객장을 배회하던 수많은 투자자들을 집안으로 들어앉힌 주식의 걸작 중의 걸작이었다.

유독 초보자의 하늘에서만 산성비가 내린다

증권 사이트인 P는 내게 주식을 만나게 해준 친정집처럼 정겨운 곳이다. 주식의 '주' 자도 모르던 시절, 게시판에 올려진 일명 '~카더라' 통신을 나만 아는 기밀문서라도 되는 양 소중하게 생각할 만큼 우매한 시절도 있었다. 때문에 남들이 다 아는 정보를 다른 투자자에게 전달할 때는 '극비사항' 이라는 단서를 붙였던 웃지 못할 기억도 있다. 당시 게시판에서 상한가라도 가는 종목을 추천한 사람을 발견하면, 나는 그의 필명을 따라다니기에 바빴다.

게다가 당시 나는 투자금액을 모두 잃은 상황이었다. 증권 정보가 한 구절이라도 있는 곳이라면 어디든 찾아다니며 나의 억울한 사정을 말해야만 했다. 생돈을 날린 억울함에 누구든 나를 좀 도와

달라는 절규의 목소리를 지를 수밖에 없었던 것이다. 그렇게 눈물의 투자담을 올리던 어느 날, 한 인터넷 사이트 운영자에게 전화가 걸려왔다.

"그동안 얼마나 힘든 투자를 했냐"며 위로하던 그는 앞으로 돈을 넝쿨째 벌게 해주겠다는 구세주 같은 메시지를 남겼다. 주식을 하다보면 눈에 훤히 보이는 현상도 판단하기 어려울 때가 많다. 특히 나처럼 세상 물정을 잘 모르는 주부들은 말 그대로 시퍼렇게 눈 뜨고 당하는 것이 주식시장이다.

돈을 넝쿨째 벌게 해주겠다는 사이트 운영자와 통화 후 그의 움직임을 지켜보니, 주식은 결코 '신의 영역'이 아니었다. 그가 추천해준 종목은 매수 기회가 없을 정도로 급반등하며 연속 상한가를 치기에 바빴기 때문이다. 그를 의심하기는커녕 하늘이 내려준 구세주라고 생각하기에 이르렀다. 그동안 주식 판에서 잃은 원금 회수는 물론 그렇게 꿈꾸던 기와집을 지을 날도 멀지 않았다는 믿음까지 생겼다.

그러던 어느 날 드디어 사이트의 운영자인 박 이사가 만나자는 제안을 해왔다. 나는 황송해서 어찌할 바를 몰랐다. 세상에는 '저렇게 마음씨가 고운 남정네가 남편 말고도 또 있구나' 하고 감탄하면서 치마끈도 제대로 매지 못한 채 헐레벌떡 약속장소로 달러나갔다.

예나 지금이나 내게 콩깍지가 씌어 있는 남편은, 행여 내가 납치라도 당할까봐 안절부절 못했다. 때문에 내가 만나는 장소 저편에서 망을 봐주는 것도 잊지 않았다. 나는 그런 남편은 신경쓰지도 못한 채 박 이사의 감언이설에 녹아내리기 시작했다. 박 이사는 현란한 말솜씨로 주식시장의 급등주의 역사를 낱낱이 밝히면서, '모두 자신이 만들어놓은 작품'이라는 얘기를 늘어놓았다. 나는 그 전설 같은 홍미진진한 이야기 속으로 한없이 빠져들었다.

남편의 말은 안 들어도, 남의 말이라면 '팥으로 메주를 쑨다' 해도 의심하지 않는 내 스타일을 파악한 박 이사는 '투자금액 최대 확보'란 지령을 남기고 사라졌다. 그때 나는 정말 하늘이 내려준 마지막 기회라고 생각했다.

어지간한 요구에는 항상 지지를 해주던 남편이었지만, 이번에는 어쩐 일인지 그리 녹록지 않았다. 갖은 애교와 아양으로 무장하고 밤낮으로 남편을 공략했지만, 돌부처라도 된 듯 그는 별 반응을 보이지 않았다.

슬슬 포기라는 단어를 생각하고 있던 어느 날, 엄청나게 술을 마시고 들어온 남편이 말했다. 그동안 해준 게 없어 미안하다며, 돈은 언제든 자신이 벌 수 있으니 그렇게 하고 싶은 일이라면 해보라는 것이었다. 그리고 돈은 다 잃어도 좋으니 건강만은 지키라는 말로 승낙을 했다.

그때만 해도 나는 다량의 철분제라도 섭취시켜 앉혀놓아야 할 만큼 어디로 튈지 모르는 아지매였다. 걱정스런 남편의 시선은 보이지도 않고, 주식시장에서 금송아지를 탈 나의 모습에 연일 입이 귀에 걸려 있었던 것이다.

내게 투자금액이 마련되었다는 걸 귀신같이 알아차린 박 이사에게 연락이 왔다. 컴퓨터에 메신저를 깔라는 것이다. 요즘에야 MSN, 버디버디, 네이트온, 미스리 등 다양한 메신저가 생활화되었지만, 당시만 해도 인터넷이 막 보급되기 시작한 때라, 메신저는 내게 매우 신기한 물건이었다. 우매한 아지매는 '역시 주식시장의 작전주를 만들어내는 지령도 최첨단으로 내린다'며 박 이사를 더욱 우러러보았다.

역시나……, 박 이사의 신호가 떨어지는 종목은 무서울 만큼 상승세를 탔다. 나오는 매도 물량이 없어 돈이 있어도 주식을 살 수 없을 정도가 되었다. 상황이 이렇다 보니 나는 박 이사의 추천종목을 목숨 걸고 사수하기에 이르렀고 꼭대기에 있는 물량까지 잡기 시작했다.

그런데 이게 어찌된 일인가. 내가 본 차트는 말 그대로 환상의 차트였다. 분명 차트상으로는 앞으로도 얼마든지 날아가야 할 종목인데 무슨 일인지 롤러코스터를 탄 듯 상한가와 하한가를 들락거리기 시작했다. 그리고는 연일 하한가로 내리꽂히기 시작했다. 바보 같은 아지매가 그동안 한 짓이라고는 세력의 물량을 그들이 원하는 고점에서 열심히 사모아, 저점에서 팔아준 것뿐이었다.

시행착오들이 시간과의 싸움에서 지쳐갈 때쯤 나의 계좌를 확인해보았다. 정말 말도 안 되는 금액에 가슴을 치니 '억' 하는 소리가 절로 튀어나왔다. 세상에는 정말 믿을 사람이 하나도 없었다. 특히 주식투자에서는 더욱 그러했다. 나는 박 이사를 통해 몇 달간 엄청난 수업료를 낸 셈이 되었지만, 중요한 사실 하나만큼은 확실하게 배웠다. 주식에는 왕도가 없다는 진리 말이다.

누가 주식시장에 호박씨를 몰고 왔는가

우리 집에는 우량주 두 명(남편과 작은아들)과 급등주 두 명(나와 큰아들)이 있다. 우량주들은 별 문제가 없는데 하루가 멀다 하고 사고를 치는 급등주들이 문제다. 우량주인 남편과 작은 녀석은 확실한 내재가치를 기반으로 미래성장성 또한 걱정할 게 없다. 아무리 주식시장이 널뛰기를 해도 끄떡도 하지 않는 가치주처럼, 우리 집의 우량주들은 언제나 그 자리에서 저 높은 곳을 향하여 전진하고 있다. 그러다 보니 작은 우량주는 나에게 혼이 나 쫓겨나려는 상황에서도 자신의 잠옷과 게임 CD를 챙기며 저항선까지 버티는 여유로움이 있다. 남편 역시 마찬가지다. 하지만 급등주인 나와 큰 녀석은 날마다 새롭게 지지선을 무너트리는 사건 사고를 내고야 만다.

요즘 주식시장의 급등주들, 흔히 세력주라 불리는 주식들은 과거와 많은 차이를 보이고 있다. 반드시 실적이 동반되어야 함은 물론이고 시장을 주도하는 대장 역할을 할 만큼 테마가 형성되어야 한다. 또한 개미를 유혹하기 위해서는 생명과도 같은 차트가 끝내줘야 하는 3박자를 갖추고 있어야 한다. 투자자들의 투자 패턴이 질적으로 향상되어서 치마끈 풀고 설쳐도 함부로 따라가지 않기 때문이다.

이렇게 볼 때 우리 집 큰놈은 급등주로서의 조건은 다 갖추고 있다. 열여섯 살 나이에 키 190센티미터, 몸무게 85킬로로 어딜 가나 쉽게 대장 역할을 맡는다. 게다가 학교에서 선생님으로부터 억울한 대우를 받는 친구들의 방패막이 역할을 전담함으로써 인간성 정배열차트의 진수를 보여준다. 공부 또한 일등이어서 실적이 좋아야 하는 급등주의 3박자를 고루 갖췄다고 할 수 있다. 앞에서든

뒤에서든 일등이라는 실적이 중요하지 더 이상 무슨 말이 필요한
가 말이다.

우리 집 꼴통 급등주는 정말로 힘들게 잉태하여, 만 32주 만에
세상으로 뛰어나온 팔삭둥이다. 평범한 인간으로 성장하지 못할
까봐 온갖 정성을 들여서 온실 속에서 키웠는데, 정성이 지나쳤는
지 세상 이치를 저 혼자서 정배열시켜보겠다는 굳은 각오로 '21세
기 홍길동'이 되고 말았다.

버릇없는 친구들의 질서를 잡아주겠다며 설쳐 물어준 치료비는,
철없는 엄마가 한 종목에 몰빵 미수하여 손절한 금액을 맞먹었다.
에디슨도 울고 갈 호기심으로 실험을 감행, 산을 다 태워 경찰서
조사까지 받아봤다. 문제라는 문제는 모두 달고 다녔다. 시장의 흐
름을 간파 못하고 망둥이처럼 날뛰는 초보 개미들처럼, 큰아들 역
시 세상의 흐름을 간파하지 못하고 꼴뚜기처럼 날뛴 것이다.

주식에도 시장의 흐름을 읽는 눈치가 필요하다. 가령 오늘은 누
가 시장을 쥐고 흔들 것인가를 간파해야 수익을 낼 수 있는 것이
다. 노랑머리(외국인 투자자)가 단체로 야유회를 왔는지, 아니면 세력
똘마니들이 떼로 쏟아졌는지, 그것도 아니면 순수 개미들이 소풍
을 나왔는지를 파악하고 매매에 초점을 맞춰야 한다. 주식의 방향

을 상승과 하락으로 만드는 시장의 주체를 파악하는 것이 무엇보다 중요하다. 그 주체에 따라 시장의 질이 판이하게 달라지기 때문이다.

단기적인 수익을 노리는 헷지(Hedge)성 노랑머리들도 많지만, 그래도 외국인들이 시장을 주도할 때는 지수가 정배열 상태를 보인다. 지상에 참여한 모든 투자자들의 이익 실현이 가능한 구간이 만들어지는 것이다. 또한 주식시장의 방향이 전강후강이나 전약후강되는 특징도 가지고 있다. 하지만 똘마니 기관들이 장을 헤집고 다니면 시장은 쑥대밭이 된다.

일반 개미들이 주식시장을 장악할 때도 마찬가지다. 수익을 내기 어려운 것은 말할 것도 없고 데이트레이더들도 손을 들어야 하는 상황이 연출된다. '3일 동안의 3단 투매는 동참하지 말라' 는 증시 격언도 무시하는 개미들의 투매로 전약후약의 시장이 돼버리는 것이다. 주식시장에서 투매는 이미 만들어진 시장의 지표에 의해서 움직이기보다는, 투자자의 심리에 의해서 이루어지는 것이 대다수다. 때문에 심리전에 약한 개미들의 투매로 아무런 이유 없이 물량 세례를 맞을 때가 있다. 이런 현상들 앞에서는 아무리 격을 갖춘 투자자라 할지라도 말없이 하루장을 덮을 수밖에 없다. 시장을 리드하는 세력을 보고 투자에 나서야 한다.

눈치 빠른 아주머니 한 분이 있었다. 자녀들을 모두 출가시킨 60대의 여인이니 할머니라고 표현하는 것이 더 옳지 않은가 한다. 그런데 세상을 살아온 연륜은 속일 수 없는 모양이다. 이 할머니는, 아침에 증권사에서 보내주는 시황 속에서 그날의 매수 주체를 꼭 살펴본다. 그리고 매수 주체에 따라 종목을 선정했다. 가령 외국인의 순매수 규모가 커지면 그들이 좋아하는 종목을 관심권에 두었고, 기관의 순매수가 크면 역시나 기관성 종목에 관심을 두고 매수에 나섰다. 외국인이나 기관이 매수가 들어간 종목들은 다음 날까지 연속성이 있어서 수익폭도 작지 않았다. 많게는 10퍼센트 이상이었고, 적어도 하루이틀 사이에 5퍼센트의 수익을 올렸다. 손자 용돈벌이라고 말했지만, 노후 생활의 활력소가 되어 더 젊게 생활하는 모습을 보면서 나이는 정말로 숫자에 불과하다는 걸 실감했다.

02

8백만 원 수업료로
단타기법을 배우다

인간이 만든 최고의 걸작, 데이트레이딩의 마술

데이트레이딩이란, 아침 장이 열리는 오전 9시부터 장이 끝나는 오후 3시까지 매수와 매도를 통하여 당일 수익을 챙기는 전략을 말한다. 때문에 종목 선정이 그날 수익과 직결된다고 할 수 있다. 상장된 주식들은 저마다 특징을 가지고 있는데, 어느 종목들은 쇳덩이나 돌덩이라도 매달아놓은 듯이 움직임이 둔한데 어느 것들은 하루살이처럼 가벼운 몸놀림을 보인다. 움직임이 무거운 종목들은 중장기를 내다보는 인내심이 강한 투자자에게 적당한 종목이다. 나같이 성질이 급하고 당일 수익을 올려야 하는 투자자에게는 관심 밖의 대상이 될 수밖에 없다. 여기서 주의할 것은 오뉴월 봄바람처럼 변덕이 심하기 때문에 리스크에 대한 대응이 되는 투자자만 도전장을 내밀어야 한다는 것이다.

  몸놀림이 가벼운 종목들은 벌써 호가창의 움직임이 다르다. 활발한 거래량으로 좋은 수급의 흐름을 보이게 된다. 이는 바겐세일 하는 백화점처럼 많은 사람들이 모인다는 뜻이다. 주식은 매수와 매도가 원활하면 상하 방향을 찾기 위해 몸부림을 치며 파동을 일으킨다. 바로 그 파동 사이에 수익을 창출할 구간들이 생기는데, 스켈퍼가 짧은 폭을 자주 이용한다고 하면, 데이트레이딩은 하루 중 가장 많이 나오는 수익의 폭을 노린다. 시초가 매매나 장중 11시, 아니면 오후 1시 30분 또는 2시 이후에 잘 일어나는 파동을 이용하여 수익을 극대화하는 매매 방법이 데이트레이딩이다. 이러한 종목들의 속성은 일분봉들이 이평선들의 지지를 받으며 횡보를 하다가 적당한 시간이 되면 상한가를 치는 특성을 보인다. 이렇게 상한가를 칠 때는 대부분 재료에 의해 움직이기는 하나 흔히 말하는 세력이 관리하는 종목일 가능성도 높다. 그래서 첫 상한가를 치고 다음날 추세를 이탈하지 않는 범위 내에서 하락을 하는 일도 일어난다. 이렇게 눌림목을 형성할 때는 더 멀리 갈 수 있는 조건을 갖추었다고 봐도 무방하다.

이런 눌림목을 주는 급등주는 연상을 기대할 수도 있어 잘만 관찰하면 극대화된 수익을 누릴 수 있다. 때문에 이런 조건을 갖춘 종목이 전일 상승 폭에 대한 후유증으로 잠시 쉬는 조정을 보이더라도 관심을 가지고 지켜봐야 한다.

전일 강하게 상한가를 친 종목이나 전전일 상한가를 치고 눌림목을 형성한 종목군들, 다시 말해 주식시장의 핵심 종목이어야 하고 강하게 움직임을 보이는 종목을 공략하는 것이 좋다. 이런 종목들은 대부분 세력에 의해 형성되므로, 세력들이 만들어 놓은 차트를 눈에 익혀두면 많은 도움이 될 것이다. 대부분 세력형의 차트는 비슷한 모습을 보인다. 차트가 환상적이고 멋지다고 생각되면 백발백중 세력이 들어와 있다고 봐도 틀리지는 않을 것이다.

그런 종목군들은 내일을 위해 관심창에 올려두어야 한다. 이외에 관심창에 들어갈 만한 종목은 테마에 편승해 투자자들의 눈에 잘 띄거나, 그날의 시장을 이끄는 메인 종목들도 좋다. 특히 개미들이 좋아하는 주인이 관리하는 흔적이 보이는 종목이나, 이평선이 N자 패턴의 모양을 갖춘 급등주들은 두말할 것도 없다. N자 패턴은 이평선들이 모두 정배열 상태에서 앞에 작은 봉우리를 만들고 뒤에 더 크고 높은 봉우리가 만들어지는 게 급등주의 전형적 패턴의 모습을 갖춘 것이다.

주식은 반드시 세력이 개입되어야 멋진 종목이 된다는 것은 삼척동자도 아는 사실이다. 이처럼 종목의 주인이 깃발을 흔들며 앞서가야 정복할 고지가 높아지는 것이다. 하지만 한 발 앞서 매복하고 있으면 개미 투자자들은 고지에 오르기도 전에 매몰될 수밖에 없다. 주식시장에서는 인정사정 봐주지 않는 형님들만 있다는 것도 명심해야 한다. 오죽하면 '주식을 싼 값에 매수하는 선취매는 형님부터' 라는 말이 있겠는가.

데이트레이더들이 증가하는 추세다. 컴퓨터 한 대만 있으면 가능하기에 많은 사람들이 데이트레이더를 꿈꾸는 것도 사실이다. 이러한 영향으로 숙련된 선수들이 많아지다보니, 사실 예전보다 수익 내기 어려운 구조인 것이 사실이다. 막연하게 '집에 앉아 돈을 번다' 는 생각으로 덤볐다가는 수익은 고사하고 증권사 수수료도 챙겨주지 못할 것이다.

'서툰 장인 연장 나무란다' 는 말도 있지만 데이트레이딩의 기본은 자신만의 투자원칙과 연장이다. 컴퓨터 한 대만으로는 주문을 넣고 시세를 보고 방송을 듣기에는 역부족이고 고기를 빨리 낚아챌 수 없다. 투자에 필요한 장비가 갖춰져야 선수대열에 합류할 수 있다. 컴퓨터가 몇 대 잘 갖춰지면 여러 종목들을 쉽게 관찰할 수도 있어 굳이 주식 전광판이 아니어도 전체적인 주식시세를 보는 데 도움이 된다. 과거에는 진흙 속에서도 연꽃이 피었지만 지금은 가꿔주지 않으면 꽃이 피지 않는다는 것을 자녀교육에서도 알 수 있듯이, 이러한 원리는 어디에 적용시켜도 오늘날에는 딱 맞아떨어진다.

아침 시초가 매매를 할 때에는 먼저 일봉상의 자리를 보고 아침 시초가 매매에 적당한가를 확인한 후 일분봉으로 매수와 매도 자리를 잡는다. 아침 시초가 매매에서 일봉의 자리를 보면([그림 1] 참조), 이평선이 역배열 상태 모양이라도 상한가 두 번을 만들고 3일 동안 5일선을 훼손시키지 않는 조정을 거친 후 다음날은 아침 일찍 강한 시초가 매매 종목으로 관심권에 두어야 한다.

그런 다음 일분봉을 보면([그림 2] 참조), 강하게 움직인 모습을 볼 수 있다. 매수 구간은 동그라미 부분임을 알 수 있다.

다음은 JS 픽쳐스를 보기로 하자([그림 3] 참조). 마찬가지로 이평선이 역배열 상태라도 아침 갭을 형성해서 시초가를 형성할 경우도 다음날 연속성의 확률은 적을지라도 아침 시초가 매매 종목일 가능성이 높다.

JS 픽쳐스의 일분봉을 보기로 하자([그림 4] 참조). 일분봉 차트도 아침 시초가 매매의 기본 모습을 갖추고 있다. 정배열 차트에서는 연속성도 강하고 매매도 쉽다([그림 5] 참조). 가장 좋은 모습의 아침 시초가 매매의 이평선 모습이다. 5일선을 따라서 움직이므

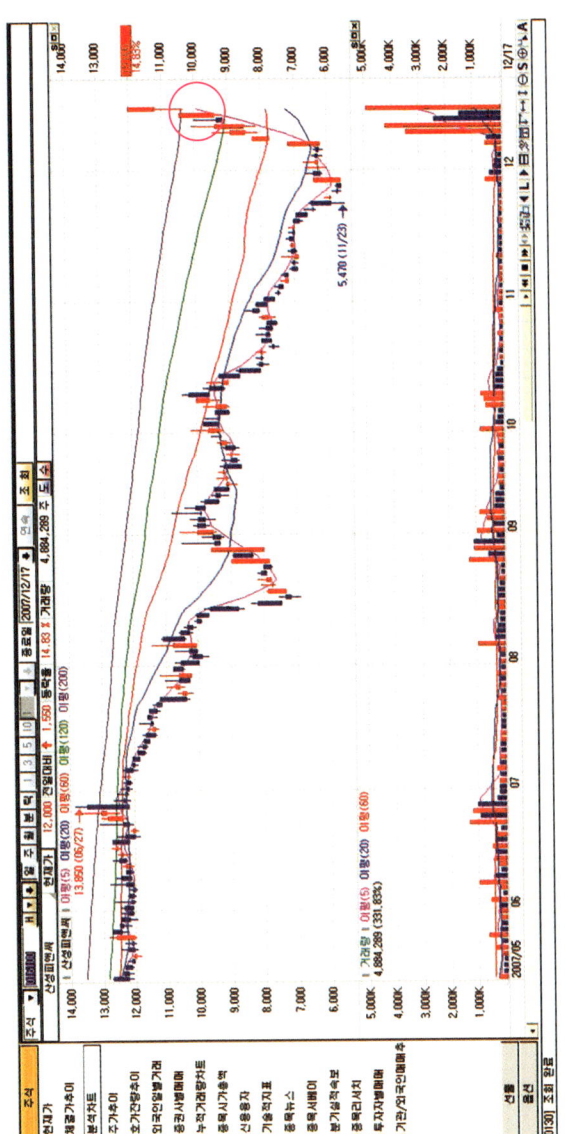

[그림 1] 삼성 피앤에이 봉 매수시기

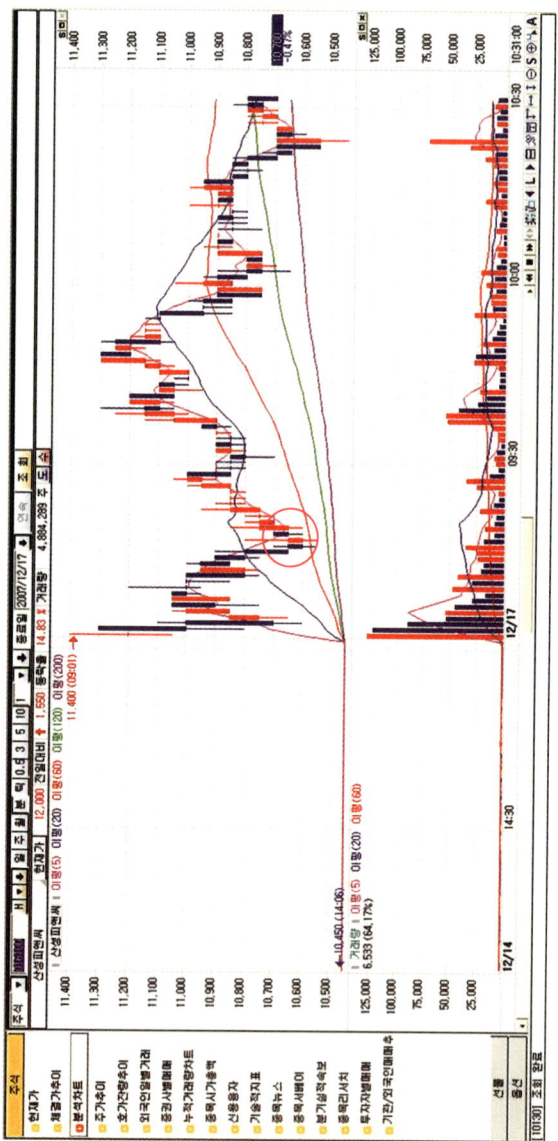

[그림 2] 삼성전자 프로그램 매매수량

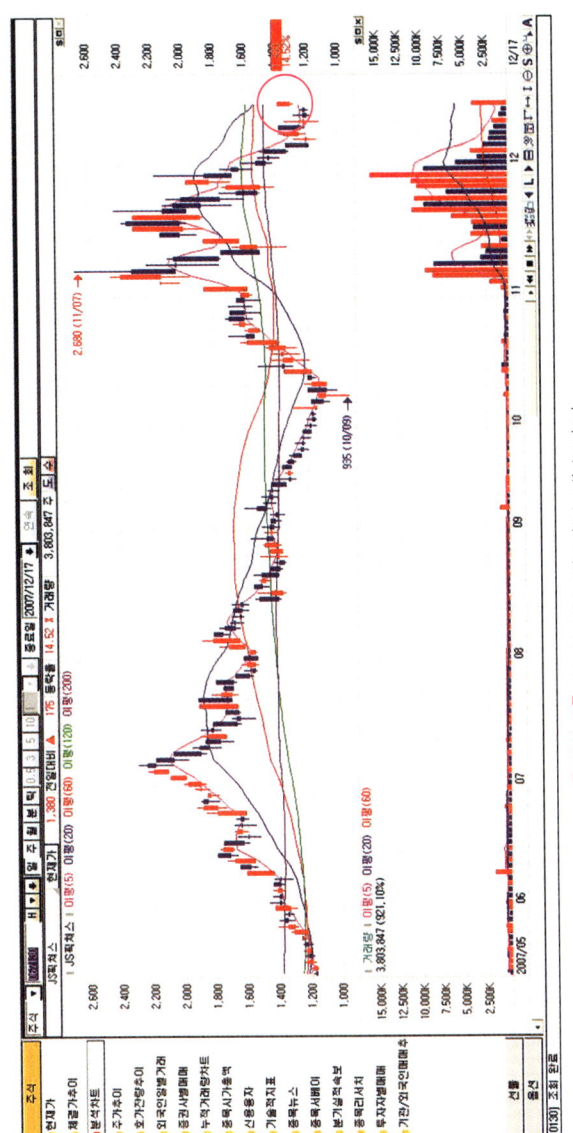

[그림 3] JS 픽처스의 일봉 매수자리

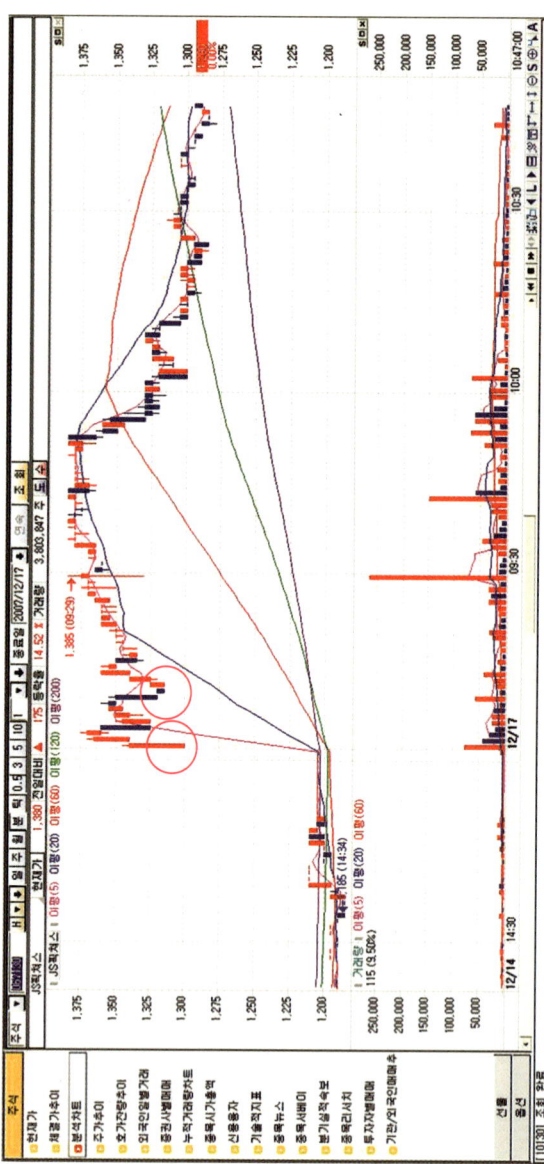

[그림 4] JS 퓨처스의 일봉 매수자리

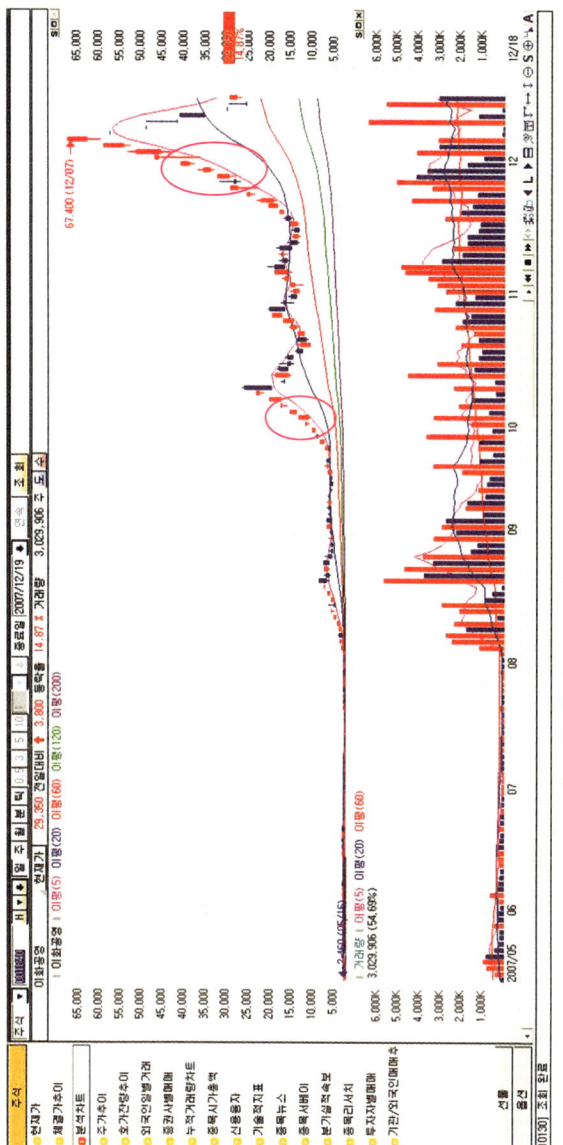

[그림 5] 이화공영의 펌핑 매수자리

로 오히려 리스크가 적다. 하지만 이런 차트를 보고 매매를 하려면 많은 연습매매가 필요하다. 이평선들이 정배열 상태이기는 하나 앞에 매물 벽이 있다. 하지만 누군가 그림을 그려놓은 듯하다. 역시 동그라미 부분들처럼 아침 시초가 매매에 적합한 자리가 나오게 된다.

자신의 감정체형에 맞는 투자 스타일을 찾어라

'주식은 노름과 같다' 고 내가 진행했던 전문가 방송에서 말한 적이 있다. 두 가지 다 지나친 욕심과 남을 믿지 못한다는 공통점을 갖고 있다. 나도 욕심 때문에 주식시장에서 참패를 당한 기억이 있다. 주식에서는 매매 패턴 기준점을 어디에 두느냐에 따라 수익률과 수익을 챙길 수 있는 기간이 정해진다. 그래서 투자자의 성향이 중요하다. 단기투자자를 하고 싶어하는 입문자들에게 하고 싶은 말은 꼭 자신의 감정체형에 맞는 스타일을 찾아 입으라는 것이다.

일반적으로 장기투자와 스윙, 데이트레이딩, 스켈퍼로 투자포지션이 정해진다. 장기투자는 주식시장의 안정 및 바른 투자를 위한 진정한 투자방법으로 자리매김하고 있다. 이는 투자금액이 많고 마음이 느긋한 투자자에게 적합하다. 때문에 잔파도에 흔들리는 사람에게는 어울리지 않는 투자 방법이다.

　스윙은 3~7일 정도 길게는 보름 정도 보유할 목적으로 투자하는 기법으로, 종목선정 후 자신이 정한 목표치까지 끌고 가는 전략을 말한다. 스윙 패턴은 길게는 중장기로 끌고 가야 하기에 종목선정에서 승부가 난다. 종합지수 2,000포인트 분석을 통해 우량주라고 생각하여 끌고 왔지만 상승폭만큼 따라가지 않는 경우가 많다. 스윙 패턴일수록 신중하게 종목을 선택해야 한다.

　마지막으로 스켈퍼는 초단타 매매자를 말하는데 분초를 다투면서 매매를 하는 방법으로 고수가 아니고서는 상당한 위험을 떠안아야 한다. 하지만 이런 위험에도 불구하고 나는 이상하게도 스켈퍼나 데이트레이딩에 매력을 느꼈다. 스릴을 즐기면서 수익구조를 만들 수 있는 자체가 흥미로웠던 것이다. 또 하나 적은 투자금액으로 단기간에 승부를 볼 수 있다는 것도 무시할 수 없는 매력이었다. 게다가 누구나 수익을 얻을 수 있는 상승장뿐만 아니라 하락장에서 빛을 발할 수 있기 때문에 스릴과 재미를 함께 찾는 투자자에게는 적합한 투자 방법이다. 하지만 주식시장에서의 원칙이라는 원칙을 모조리 꿰뚫고 있어야 함은 물론 산전수전, 공중전, 해상전까지 경험한 투자자만이 뛰어들 수 있는 투자방법이기도 하다. 엊그제 증권계좌를 만들고 스켈퍼한다고 달려들다가는 큰 코 다치기 십상이다.

스켈퍼는 장이 열리는 시간 동안 몇 번씩 일어나는 잦은 파동을 이용하여 수익을 챙기는 전략으로, 섬세하게 치고 빠짐을 반복하는 매매 방법이다. 스켈퍼에게 가장 중요한 것은 물량조절이다. 짧은 시간에 물량을 주고받아 수익을 챙기는 전략이므로 그 시간대에 맞게 소화시킬 수 있는 만큼의 물량하고만 싸워야 한다. 소형주처럼 거래량이 흡족하지 않는 종목의 물량을 많이 잡게 되면 짧은 수익폭에 되돌릴 수 없는 우를 범할 수도 있다.

호가창의 수급을 볼 줄 아는 눈도 필요하다. '수급이 좋다'는 것은 호가창이 빠른 움직임을 보이며 잦은 파동을 일으키는 것이다. 수급을 알게 되면 물량조절을 어떻게 해야 하는지도 자연스럽게 알 수 있다. 수급을 보기 위해서는 호가창을 많이 들여다보는 수밖에 없다. 호가창의 흐름을 읽을 수 있느냐 없느냐에 따라 투자의 승패가 결정되기도 하니, '주식투자가 결코 쉽지 않음'을 실감할 수 있을 것이다. '수급을 보는 방법'은 그 어떤 주식서적에도 나와 있지 않을 것이다.

이런 부분이 바로 주식에서 설명하기 어려운 부분으로, 직접 돈을 투자해서 체득해야 하는 민감한 부분이다. 그래서 더러 주식투자를 감각매매라고 하는 것 같다. 감각이란, 이론적 설명으로 체득되기보다는 본인 스스로 몸과 감정으로 체험함으로써 얻어질 수 있는 가치다. 그래서 나는 수업료를 치러서라도 직접 몸으로 부딪혀 해당지식을 자신의 것으로 만드는 것만큼 좋은 공부는 없다고 생각한다.

대부분 단기 트레이딩을 하는 투자자들은 적어도 5년 이상의 투자경력을 가지고 있다. 나 역시 주식시장을 꿰뚫어 볼 수 있기까지 6년이라는 시간과 훈련이 필요했다. 명품이라도 자신에게 어울려야 멋스럽듯이, 단타도 어울리는 자격요건을 갖추었을 때만 빛을 발할 수 있다. 아무런 준비 없이 단타를 시작했다가는 주식시장의 노련한 광신도들에게 소중한 재산을 바치게 된다. 그리고 그들에게 모든 것을 빼앗기기까지 그리 많은 시간이 필요하지 않음을 깨닫게 될 것이다.

단기투자를 일회성 투자로만 보지 마라

특히 단기투자를 함에 있어서 익혀두면 가장 좋은 매매원칙은 시초가 매매가 10퍼센트 이상 상승한 강한 종목 따라잡기라고 말하고 싶다. 이 매매원칙은 천재지변이 일어나는 사고가 발생하지 않는 한 폭락장이라도 수익을 줄 수 있는 매매기법이다.

얼마 전(2007년 8월) 종합지수가 2,000포인트를 돌파하고 하루에

100포인트 이상 폭락한 날도 하한가 종목도 나왔지만 상한가 종목도 나왔다.

물론 주식시장이 폭락하면 모두들 살겠다고 투매가 나오기도 하고, 의외로 강하게 버티는 종목은 오히려 하락장이지만 연일 상한가를 보낼 만큼 에너지가 강하다. 즉, 한번 해보자고 팔뚝 걷어 붙이고 들어온 주인이 있다는 거다. 주식시장에서는 차트도 거래량도 중요하지만 종목을 만지는 주인이 자리를 지켜주어야 하는 것도 빼놓을 수 없는 성공 포인트다. 그럼 주인이 있는지 없는지를 알고 싶을 거다. 그것은 차트와 호가창의 호가 강도가 말해준다. 이것을 알기 위해서는 여러 형태의 호가창과 소위 말하는 세력주의 차트 형태를 익혀두고 많이 보고 느껴서 얻어지는 감각 외에는 없다고 본다.

시초가 매매는 일봉의 위치도 중요하나 일분봉을 보고 이루어지는 매매 형태도 중요하다. 다시 말해서 아침 시초가부터 강하게 상승을 하고 나오는 것을 말한다. 10퍼센트 이상 강하게 상승한 종목 따라잡기는 먼저 일봉의 위치를 잘 파악해야 한다. 10퍼센트 이상 강한 종목은 장중에 7퍼센트까지 밀려서 흔들리더라도 종가는 반드시 상한가로 마감을 해야 하는 원칙을 가지고 있어야 한다. 그렇게 되어야 다음날 적어도 5퍼센트 이상 뛰어나올 때 시가 전후로 수익을 챙길 수 있게 되는 전략이다.

이 전략은 반드시 시초가가 강해야 한다. 강한 종목 따라잡기는 일봉의 위치를 잘 파악해야 한다. 이평선의 기울기와 양봉의 위치는 물론 양봉과 음봉의 배열까지 체크해야 한다. 가령 일봉 위치가 갭을 형성한 장대양봉이거나(2007년 8월 27일 영우 통신과 같은 모습. 와이브로에 관한 재료도 있었지만 아침 10퍼센트 이상 강한 상승으로 10분 만에 상한가 문을 굳게 닫았다) 앞에 많은 물량을 매집한 흔적이 있는 매집구간(2007년 8월 10일 현대 페인트 종목)을 벗어나는 모양들이어야 하는데 앞에 매물벽이 없어야 한다. 이런 유형이 되려면 전일 봉들의 모습이 양봉, 음봉 관계없이 도지형 십자형이거나 음봉인 것이 양봉보다 다음날 수익을 주는 부담이 없으므로 더 유리하다고 할 수 있다.

사실 말이 쉽지 두 가지 매매의 형태를 습득하기 위해서는 상당한 노력과 시간이 필요하다. 그렇지만 아줌마인 나도 하는데 누군들 못하겠는가. 주식이 어렵다고는 하지만 손바닥의 양면처럼 뒤집어보면 하나도 어렵지 않다. 야구의 홈런왕은 투수가 던지는 아무 공이나 손대지 않는다. 자신이 갈고 닦은 코스의 공이 올 때 마음껏 배트를 휘두른다. 이처럼 주식시장에서도 자신이 갈고 닦은 노하우를 잘 활용했을 때는 재테크로 노후자금 비상금 마련이 우습게 들릴지도 모른다.

아침 시초가 매매 종목의 차트부터 살펴라

너무나 당연한 말이지만, 주식투자를 위해서는 무엇보다 차트를 볼 줄 알아야 한다. 단기 투자자든 중장기 투자자든 중요한 건 차트다. 차트는 선행된 지표이며 주식투자의 기본서다. 물론 차트를 맹신해서도 안 되겠지만, 주식의 기본인 차트를 무시하고는 이 냉정한 시장에서 살아남을 수 없다는 말이다.

특히 시초가 매매는 차트로 시작해 차트로 끝난다고 해도 무리가 아니다. 시초가 매매가 가능한 종목군들의 차트는, 전일 일봉들이 음봉, 양봉에 관계없이 앞에 매물벽이 없는 정배열 상태일 때 높은 승률을 보인다. 정배열 상태로 만들어진 이평선 위에 일봉들의 전날 모습이 연속적으로 나온 양봉보다는 십자형 음봉이나 연속적으로 나온 음봉이 오히려 더 낫다. 여기에는 투자자들의 심리가 반영되는데, 음봉이 나오면 그날 시가만 유지해도 양봉이 형성될 거라는 기대감에 따른 수급이 활발해지기 때문이다.

이렇게 일봉의 자리를 확인한 후 일분봉을 봐야 하는데, 일분봉의 전날 모습은 그리 중요하지 않다. 이평선들 역시 200일선 아래의 역배열이든 200일선 위에 놓인 정배열이든 별 상관이 없다. 가장 중요한 것은 아침에는 적어도 전일의 주가보다 5퍼센트 이상 차이를 둔 갭(Gap)을 동반하고 나와야 한다는 사실이다. 그렇게 되면 전날 역배열로 끝난 일분봉일지라도 갭으로 시가를 형성하게 된다. 이처럼 시가에 갭을 띄워 어느 정도 가느냐에 따라 일분봉 상에서 매도자리인 세컨드 탑(Second Top)이 결정된다.

데이트레이더들은 대부분 일분봉을 보고 매도자리를 잡는데, 일분봉들도 이평선을 따라 음봉 양봉이 교차되어 만들어진다. 일분봉에서 만들어지는 음봉 양봉을 보고 가장 빠른 매매를 하는 스켈퍼들은 양봉이 지속적으로 출현하다가 음봉이 나오면 곧바로 매도 버튼을 눌러버린다. 하지만 데이트레이더들은 스켈퍼보다는 약간의 여유가 있다.

일분봉들도 정배열 상태에서 작은 산을 만들고 20일 이평선이 무너지지 않으면서 약간 눌림을 주고 제차 상승을 하면 앞의 산보다 더 높은 큰 산을 그리는데 이것이 바로 세컨드 탑이다. 그때 매도해도 늦지 않다. 세컨드 탑은 반드시 일정 횡보를 한 이평선들이 정배열 상태에서만 만들어진다는 것도 함께 알고 있어야 한다.

여기서 또 하나 알아야 할 사실이 있는데, 모든 종목이 똑같이 세컨드 탑을 형성하지는 않기 때문에 스켈퍼들은 음봉 출현시 매도하는 것도 바람직한 방법이다.

　가령 역배열 상태에서 정배열로 만들어지려고 하면 200일선을 뚫고 올라온 5일선이 제차 정비하는 데 시간이 필요하므로 다시 횡보하는 지지구간을 확인하고 매수하는 것이 바람직하다. 무조건 역배열에서 뚫고 오는 5일선을 보고 따라 매수하는 것은 바람직하지 않은 방법이다. 오히려 매도를 하고 제차 정배열을 만들어 세컨드 탑을 만드는지를 살펴보는 관찰이 필요하다. 예를 들어 데이트레이딩을 할 때 시초가 종목들이 3~5퍼센트의 갭으로 상승을 시작하면 작은 산은 7퍼센트쯤에서 만든다. 그러다 다시 2~4퍼센트까지 눌림목을 형성하고 1분봉상의 20일 이평선이 깨지지 않고 오랫동안 일정한 자리에서 횡보하지 않으면 곧바로 세컨드 탑은 8~9퍼센트에서 끝이 난다. 특히 주식수가 천만 주 미만의 소형주들은 7~9퍼센트의 강한 갭으로, 아침 갭이 들어올 때는 작은 산도 그리지 않고 무너지더라도 아침 일찍 상한가를 찍고 내려온다. 이 두 가지만 꿰뚫고 있어도 50퍼센트의 성공률은 보일 것이다. 데이트레이더들은 아침에 시초가 매매를 잘하고 나서 한 번 기회를 노리는 종목을 찾는다. 장중에도 파동이 일어나는 종목들이 있기 때문에 전체 시장의 흐름만 볼 줄 안다면 하락장이라 해도 겁먹을 필요는 없다. 주식시장에도 데이트레이더들은 손절매라는 안전판이 있기 때문에 매수매도를 자연스럽게 하면 된다.

시초가 매매에서 동시호가 거래량을 보면서 하루의 거래량을 체크하는 것도 중요하다. 늦게 눈곱 달고 나와서 시초가 매매 한다고 하면 지나가던 개가 한 번 더 짖는다는 사실도 명심하자. 데이트레이더에게 선행되어야 할 것은 기술적 분석보다 몸으로 익힌 감각과 기술이다. 이는 주식시장에 어느 정도의 수업료를 내고 배우는 수밖에 없다. 때문에 빠른 승부를 보기 위해서라도 연습매매를 통해 손과 머리를 일치시키는 것이 좋다. 이런 연습매매는 좀 더 편안하게 매매를 하는 데 도움을 주는 역할을 수행한다.

아침 시초가 매매를 잘했던 K씨는 아침 시초가 매매로 5퍼센트 수익을 챙긴 후 아침 시초가 매매를 한 종목 다시 노린다. 왜냐하면 이미 수급이 형성되었고, 거래량에 힘이 실려 장중에 한 번 더 파동을 일으켜세우는데 이것을 놓치지 않기 위해서다. 아침 시초가 매매 조건에 잘 맞아떨어진 종목 중에서 세컨드 탑에 매도 자리를 주고 무너지는 종목들이 아침 9시 30분부터 생겨나기 시작한다. 이때 거래량과 일분봉을 잘 체크하면서 한 번 더 일어날 파동을 찾는 비법을 사용하는 것이다. 아침 파동이 한번 일어나고 나서 일분봉이 이동평균선 5일선을 무너뜨리면서 파동을 일으킬 준비를 시작한다. 이때 일분봉 20일선이 무너지지 않고 20일 이동평균선 담벼락을 붙어서 넝쿨을 타고 있으면 11시쯤 또 한 번 짧은 횡보 이후 첫번째 탑(top)이 형성된다.

점차적으로 시간이 지날수록 자꾸 고점을 높여 오후 1시 30분쯤 제차 파동이 일어나면 상한가를 가더라도 문을 닫기가 힘들지만 대체로 2시 30분부터 준비 땅을 하면 다음날까지 연속성을 기대할 수 있게 된다.

그러나 20일선을 타고 가면서 긴 횡보를 하면 하락하는 경우들도 생겨난다. 상승하기 위해서는 일분봉의 횡보가 오래 가서는 안 된다. 주식은 반드시 갈 자리에서 상승곡선을 그리며 가야 한다. 그렇지 않으면 곧바로 하락하게 된다. 간단히 말해 주가는 상승과 하락 두 곡선만 상존하고 있다고 보면 된다.

또 하나는 일분봉이 20일선을 깨고 내려갈 때다. 20일 이동평균선은 일봉이든 주봉이든 일분봉이든 생명선과도 같으므로 20일선이 무너질 때는 잠자코 200일선 마지노선까지 올 때까지 느긋하게 기다려야 한다. 강한 급등주들은 20일선을 깨도 200일선을 깨지 않고, 200일선을 지지선으로 버티다가 오후 장을 맞추어 다시 상승하는 경우도 있다.

만약 200일선을 깼다면 오전 장 12시 이전에 깨고 내려와야 하고, 제차 정배열 상태로 오후 장 1시 30분까지는 만들려는 의지를 보여야 상승의지가 있다. 그런데 2시 이후나 2시 30분에 주가의 일분봉 상에서 이동평균선이 200일선을 깨고 내려올 때는 특히 급등한 종목은 바로 급락할 수 있으므로 주의해야 한다.

여기서 말하는 경우는 일반적인 상황을 말하는 것이고 변수가 생겨난다면 이야기는 달라진다. 괜히 60일선에서 턴할까 120일선에서 턴할까 고민하며 섣불리 매수에 들어가지 말고, 행여 200일선을 깨지 않고 돌려질 때도 있지만 대부분 확률을 보면 일분봉의 20일선이 무너지면 200일선까지도 봐야 한다. 그럼 대체적으로 200일선도 12시 전후로 빨리 깨고 내려와서 빨리 200일선 위인 120선 위에 안착하는 것을 보고 매수에 들어가도 늦지 않다.

다시 한 번 강조하면 오후 장 1시 30분쯤에 200일선을 깨고 내려오는 종목은 제차 이동평균선인 200일선을 회복하지 못하면 아침에 아무리 강했다 하더라도 2시 30분쯤에는 급락할 수도 있으므로 조심해야 할 구간으로 봐야 한다. 이렇게 주식은 예측을 잘해야 하지만 대응 역시도 민첩해야 한다. 혹자는 말하기를 주식에서 매수는 예측영역이고 매도는 대응영역이라고 한다. 나 역시 같은 생각이다.

이런 방법으로 아침 시초가 매매의 선두주자였던 K씨는 1천만 원의 투자금액으로 하루 5퍼센트 이상의 수익을 거뜬히 소화했다. K씨는 자신이 하루 정한 목표액 1천만 원으로 50만 원이 달성되면 누가 와서 상한가를 칠 종목이라 꼬셔도 끄떡도 하지 않는다. 그러기를 얼마 되지 않아 계좌 안에는 원금의 열 배가 불어나 있음을 보게 되었다.

대중의 반대편에서 투자의 깃발을 흔들어라

가령 경험이나 기술이 뛰어나 눌림목 매수나 양음양 패턴이나 낙폭과대처럼 자신의 노하우로 이루어지는 경우도 있지만, 성공적인 매수는 90퍼센트 이상 운이 좋아서 이루어진다고 한다. 급등하는 종목은 반드시 상한가를 한두 번 치고 나면 쉬어가는 눌림목 자리를 준다. 5일선 위에서 이루어지기에 주식 경험이 많은 투자자는 이것만 노리고 눌림목 매수에 임해 고수익을 챙기는 투자자가 있는데 이것은 실력이기도 하지만 더러 행운으로 보기도 한다.

눌림목은 단기 급등한 종목이 상승한 차익매물을 소화하기 위해 일정폭의 단기 조정을 주는 것을 말하는데, 급등주는 상한가를 치고 나면 반드시 눌림목 자리를 형성한다. 이러한 눌림목 매수는 상한가를 한 번 치고 눌림목 구간을 만들 때가 가장 확률이 높다. 세 번 이상 상한가를 치고 눌림목을 형성할 때는 제차 상승할 수 있는 힘이 부족하다. 거래량이 분출했을 때는 상투 거래량일 확률이 높다. 누군가 다시 매집하는 손바꿈 거래량이라고 사탕발림 소리를 해도 관망을 해야 된다.

방송 회원 중 광고 전문 기사를 쓰는 H씨는 눌림목 매수의 대가였다. 바쁘게 기사거리를 쓰고 찾아다녀야 했지만 그만큼 컴퓨터와 가까이 있을 수 있는 탓이었는지, 한켠에서 잠시나마 주식시장을 바라보는 여유가 있다고 했다. 그래서인지 H씨는 전일 상한가를 친 종목 중에서 다음날 조정을 보는 종목이 전일 종가를 깨지 않는 상태에서 아름다운 조정이라는 표현을 쓸 수 있을 때는 매수를 했다. 바로 다음날 시가를 유지하지 못하는 음봉이 출현할 때는 미련 없이 매도 키를 눌러버리는 원칙도 세워두었다. 하지만 90퍼센트 이상 양봉이 나오고 그것도 10퍼센트 이상의 고수익을 주는 승률 때문에 얼마 있지 않아 자신의 광고 회사를 차릴 수 있을 거라는 확신에 자랑스러워했다.

아무것도 모르는 주식 초보자도 주식은 얼마든지 살 줄 안다. 그러나 주식시장에서 수익이 나지 않는 가장 큰 요인은 바로 매도를 잘 못하기 때문이다. 어떤 투자자는 훨씬 더 싼 가격에 매수를 잘 하고도 더 비싸게 매수한 투자자보다 수익을 내지 못하는 것은 실력이 부족해서라고 봐야 한다.

물론 지나친 욕심이 불러온 화일 수도 있지만 욕심이 곧 실력이 부족하다는 것임을 인정해야 한다. 이렇듯 매도에는 반드시 실력이 필요하다. 그 실력은 기존에 나와 있는 매도비법을 주식을 사고파는 연습매매를 꾸준히 하는 것을 통해서만이 쌓을 수 있다. 한 가지 덧붙이면 매도 속에 손절이라는 것이 있다. 스윙 투자자 중에서도 장롱 속에 묻어놓지 않으려면 반드시 손절라인을 정해 두는 것이 좋다. 5일선을 손절라인으로 잡든 20일선으로 잡든 그 손절 폭은 개개인에 따라 다르다. 누구나 아는 주식성경 구절인 지표상의 손절라인인 '지지선이 무너지면 매도하라'는 말은 주식 투자자를 두 번 죽이는 것이 된다.

다시 주가가 제자리를 찾는 데는 오랜 시간이 필요하기에 어떤 투자 포지션에 있더라도 자신이 정한 손절폭만큼은 반드시 지켜야 한다. 투자금액이 적은 투자자에게는 손절이 또 다른 변화를 의미한다. 변화는 새로운 시작을 의미하는 법이니 절대로 잊어서는 안 된다. 가령 A라는 종목이 내 예측과 맞아떨어져 매수에 들어 갔지만 자신이 투자의 신이 아니기에 예측이 틀렸다면 과감하게 치고 나오는 것이 오히려 더 큰 수익을 낼 때가 많다. 이런 한계를 뛰어넘으면 성공할 수 있지만 결코 이러한 판단도 말처럼 쉽지만은 않다.

잔기술로 잔뼈가 굵어져야만 손절키에 손이 자연스럽게 올려지게 된다. 고기도 먹어본 사람이 잘 먹고 유흥가에서도 놀아본 사람이 잘 노는 것과 마찬가지다. 이렇듯 손절이 익숙하지 않아 손절이 두렵다면 직접 매매를 하는 것보다 가상으로 사고파는 것을 적어보는 노트매매를 통해 꾸준히 자신을 단련시키는 것도 효과적인 방법이다. 또한 손절을 감행할 때 손절물량을 받아줄 의지가 있는 사람이 있다면 그 사람에게 절이라도 한 번 하는 매너도 잊지 말아야 한다.

신이 인간에게 준 가장 큰 선물 중 하나는 망각이다. 이는 다람쥐에게서 쉽게 볼 수 있는데 다람쥐는 건망증이 아주 심하다. 가을에 겨울먹이로 쓸 도토리를 수백 군데 심어놓는데 실질적으로 찾아서 먹는 것은 절반에도 못 미친다. 그런데 잊었던 도토리들이 세월이 지나 큰 참나무가 되어 나타난다. 주식도 인간이 하는 일인지라 잊을 것은 빨리 잊어야 더 나은 방향으로 나아갈 수 있다.

그런데 주식투자를 하는 사람들 중에서 처음 투자금액이 얼마였는데 지금은 이렇게 망했다고 긴 한숨을 토하는 경우가 많다. 그리고 '어디서 돈이 생긴다면 다시 성공할 수 있을 텐데라며' 원망만 늘어놓는다. 하지만 나는 투자금액은 언제나 지금 현재 계좌에 있는 금액에만 한정지어야 한다고 생각한다.

내 것이 아니면 과감히 끊어라

주식시장에서 나 같은 개미가 성공할 수 있었던 것은, 냉철함을 유지했기 때문이다. 특히 투자금액이 적을수록 여유롭지 못하기 때문에, 찔러도 피 한 방울 나오지 않을 만큼 냉정한 매매를 해야만 한다. 하지만 이런 냉철함을 유지하기까지 얼마나 많은 피눈물을 흘렸는지 모른다. 안 입고, 안 먹고, 안 쓰고 악착같이 모은 돈을 몽땅 주식시장에 바치는 시간은 그리 길지 않았다. 모을 때에는 세상에서 가장 무거운 발걸음으로 내 주머니에 들어오지만, 나갈 때는 날개를 단 듯 순식간에 없어지는 게 돈이다.

특히 초보 투자자들은 잃어버린 돈에 대한 미련을 빨리 버려야 한다. 주식시장에서 조급증은 큰 독인데, 손실을 본 사람들의 마음에 무슨 여유가 있겠는가. 급할수록 돌아가라는 옛말이 있지만,

나 역시 처음에는 급할수록 더 앞질러가려고만 했다. 그러다보니 일이 풀리기는커녕 실수의 연속일 수밖에. 처음 주식을 시작했을 때 나는 종자돈을 뻥튀기처럼 불려 기와집을 지을 것이라는 꿈에 한껏 젖어 있었다. 적은 투자 금액으로 서둘러 큰 수익을 내야 했으므로, 내가 선택한 것은 흔히 말하는 '몰빵' 이었다.

게다가 내가 주식을 시작할 당시에는 자신이 가진 투자 금액의 3배 이상의 주식을 살 수 있도록 증권사가 대용해주는 '미수' 라는 제도가 있었다. 돈을 벌기 위한 조급함은 '미수' 도 겁 없이 쓰게 만들었다.

높은 이자율은 둘째치더라도, 반드시 매수한 날로부터 3일째에 결제를 해야 하며, 돈을 마련하지 못하면 주식을 팔아서라도 결제를 해야 한다. 그렇지 않으면 증권사에서 반대매매가 나가기 때문이다. 여유를 부리며 투자를 해도 수익이 날까 말까 할 판국에, 조급한 마음에 쓴 미수가 늪이 되어 나의 발목을 잡은 것이 한두 번이 아니었다.

초보 투자자들의 전형적이고 반복적인 실수를 살펴보면, 일단 남의 돈을 빌려서라도 승부를 보겠다는 생각들이 많다. 때문에 자신이 매수한 종목의 가격이 떨어지기 시작하면, 다시 오르리라는 믿음으로 물타기를 시도하게 된다. 그렇다 보니 어느새 대주주가 되어 있는 자신을 발견하게 된다. 그렇게 버티다 더 이상 버티지 못하고, 손절을 할 때는 그 많은 물량을 제대로 소화하지 못해 몇 호가 밑으로 물량을 넘기는 폭탄 세일을 감행, 신의 영역이라 불리는 그날의 최저점을 만드는 바보가 되기도 한다.

반대로 수급이 형성된 전문만 쫓아다니는 사람들은 말을 타고 추격해서라도 그날의 최고점을 만들어주는 진기한 기록을 세우기도 한다. 이는 모두가 물량을 조절할 줄 모르기 때문에 일어나는 일이다.

주식시장에서 냉철함을 강조하는 것은 바로 이 손절매 때문이다. 손절매에는 정확한 원칙이나 공식이 있는 것이 아니다. 자신이 정해놓은 마지노선이 바로 원칙이다. 주가는 5일 이평선이 무너지면 바로 밑의 20일 이평선이 지지하려고 하고, 20일 이평선이 무너지면 60일 이평선이 지지하려는 습성이 있다. 60일 이평선, 120일 이평선, 200일 이평선 역시 마찬가지다. 하지만 스켈퍼나 데이트레이더들에게 일차 지지선이 무너지면 매도하라는 말은 별 의미가 없다.

2,000원에 산 주식을 1퍼센트의 손절로 걸어놓고 1,980원에 칼 같은 손절매 후, 다시 수급이 활발한 종목으로 갈아타서 5퍼센트 이상의 수익을 얻을 수 있는 기회를 마련할 수 있는 게 손절매다. 눈앞에서 잃어버리는 손실금액보다는 다른 종목으로 갈아타 얻어낼 수 있는 수익의 폭을 기대하여 이와 같은 전략을 사

용하는 것이다.

나 역시도 매수가격의 1퍼센트를 기준으로 끊는 손절매 전략을 원칙으로 정하였다. 1분봉상에서 지지선을 형성하면서 횡보하는 종목을 매수한 경우, 바로 상승하지 못하고 하락 포지션을 잡을 때는 바로 매도키를 눌러버리는 나만의 원칙을 갖고 있다. 설령 하락 후 제차 내가 매도한 이상의 가격을 가더라도 내가 만든 원칙 앞에서는 다른 변수가 생기더라도 철저하게 지켰다. 그것이 투자금액이 적었을 때는 매우 유리하게 작용한다.

주식은 저축이 아니다. 투자 액수를 자신의 활용방법에 따라 그 방향은 얼마든지 달라질 수 있다. 그것이 바로 주식의 속성이자 매력인 것이다. 내가 아는 경우는 손절매가 수익과 직결되는 경우를 허다하게 보아왔다.

500만 원으로 반찬값이나 벌자고 주식시장에 뛰어든 30대 후반의 M아줌마는 투자금액이 적다보니 손절 원칙은 칼같이 지켰다. 신이 매수한 가격의 1퍼센트 미만의 손절가를 생명선처럼 지켰다. 언젠가 그녀가 방송창을 통해 자신의 계좌를 공개했는데 매일 갈비를 뜯어도 될 정도의 반찬값을 번 것을 보고 놀란 적이 있었다. 투자금액이 적을수록 그것의 활용도가 중요하다.

나는 손절전략 말고도 주식으로 성공하는 방법으로 세 가지를 덧붙인다. 주식시장에서도 3대 슬로건으로 내거는 것으로, 전문가 방송에서도 수없이 언급한 내용이다. 잘 따라주지 않아서 그렇지 모든 투자자들이 잘만 따라준다면 아마도 서로가 윈윈 할 수 있지 않을까 하는 생각이 든다.

그것은 앞에서도 언급한 나누어 갖기 운동인 '물량조절'과 투자자들이 서로 호흡을 맞추면서 달려가는 '추격매수 자제', 그리고 '물귀신 구제하기 투매'다. 이런 것을 투자자가 잘만 조절해준다면 문제가 없지만 그렇지 않은 경우에는 격(格)을 상실하게 되어 남을 원망하는 피치 못할 지경에까지 도달하게 된다.

주식시장도 하나의 경쟁사회다. 내가 죽지 않으면 상대가 죽어야만 하는 숫자와 숫자가 부딪혀 싸우는 경쟁체제다. 그렇다 보니 투자자들은 남을 이해하기보다는 남의 결점만을 헐뜯으려고 한다.

'왜 저 투자자는 투매하나', '왜 추격매수하고 있지', '저렇게 물량 잡아서 누굴 주려고 저러나' 등등 정말로 자기 살을 자기가 뜯는 피비린내 나는 레드오션 전략으로 난무해진다. 이렇게 되면 투자자의 격이 떨어지는 것은 물론이고 이것이 바로 주식 투자자에 대한 편견을 만드는 계기가 된다. 투자자가 투자자를 위해주는 블루오션이었다면 문제 될 게 없는데 말이다.

그래서인지 주식시장은 피도 눈물도 없는 비정한 곳이라 여겨져, 투자자 중에 가족이나 친구, 주변 사람에게 당당하게 '나 주식 투자자' 라고 가슴에 손을 얹고 맹세할 수 있는 사람이 없다.

03

주식시장에서 쫓겨나다

주식도 일편단심 투자자를 좋아한다

사실 나는 지금까지 한 번도 가계부를 써본 적이 없다. 사고 싶은 것, 먹고 싶은 것은 아무 생각 없이 덥석 손에 쥐고보는, 어찌 보면 자격 미달의 주부임을 고백한다. 내 눈에는 알뜰살뜰 쌈짓돈을 모으며 착실하게 가계부를 쓰는 주부들이 대단해 보이기까지 한다. 그게 보통 가계부인가? 식비, 문화비, 공과비, 교육비 등의 적절한 비중 조절은 물론, 상황에 따라 과감하게 지출도 줄일 줄 아는 지혜가 필요한 것이다.

주식도 마찬가지다. 제대로 된 포트폴리오가 성공적인 투자를 부른다. 이는 중장기 투자자나 단기 투자자 모두에게 필요한 것이다. 우량주를 중심으로 중장기를 하면서, 단기적으로 테마주도 같이 병행하는 매매법을 구사하면 수익을 극대화할 수 있다.

데이트레이더들의 포트폴리오는 대부분 수급이 활발한 종목군들로 이루어진다. 하지만 급등주라고 해서 같은 흐름으로 움직이지 않기 때문에, 강하고 약한 수급을 체크하면서 포트폴리오를 짜는 전략으로 나가야 한다. 테마주들은 대장주를 중심으로 급하고 가파르게 움직이는 특징을 보이지만, 일반 세력주들은 성향에 따라 그 움직임이 다르다. 때문에 같은 세력주라 하더라도 종류와 종목을 나눠 그날의 포트폴리오를 구상하는 것도 좋은 방법이 될 수 있다.

종목의 포트폴리오만큼 중요한 것이 바로 투자금액의 배분이다. 똑같은 우량주라도 장기로 갈 것인지, 중단기로 갈 것인지 구분하고 비상사태를 대비해서 현금 30퍼센트는 남겨두는 전략이 필요하다. 대부분 여유자금을 가지고 하는 중장기 투자자들은 조급할 필요도 없고, 투자금액을 모두 소진할 만큼 다급하지 않아 가장 현명한 투자자로 남는다.

태극기 휘날릴 때까지 주식시장이 망하지 않는 한 승부의 키를 잡고 있다고 해도 지나치지 않다.

데이트레이더들은 보통 두세 종목을 투자하는 것이 바람직하다. 괜히 욕심을 부려 온 동네 주식을 다 사면 바로 망하는 지름길이니 유념하도록 하자.

인생을 살아가는 데 있어 꼭 지켜야 할 중요한 의무가 있는 것처럼, 주식시장에서도 나름대로 3대 의무가 있다고 본다. 미수매매, 신용매매, 작전주 쫓아다니는 매매가 바로 그것이다. 가치투자를 중심으로 하는 투자자들이 이 얘기를 들으면 아지매가 '패가망신의 지름길을 가르치고 있구나' 하겠지만, 주식은 정해진 기법이 없고, 기법이란 단지 돈을 잃은 사람이 만든 기억의 산물일 뿐이다.

주식시장에서의 투자자들이 지녀야 할 것은 바로 청개구리 정신이다. 실제로 증시격언에도 '대중과는 반대편에 서야 돈을 번다'는 말이 있다.

대부분의 사람들은 '눈으로 확인되지 않는 존재'에 대한 공포심이 있다. 눈으로 확인되지 않는 상상이 더 큰 두려움을 주기 때문이다. 주식시장에서는 숫자나 통계로 정확한 가늠이 가능해야 하는데, 만약 그렇지 않다면 '숫자가 부리는 마법'에 속수무책으로 당할 수밖에 없게 된다.

하지만 고수들은 자신의 투자경험을 바탕으로 공포를 등에 업고 끝까지 시장상황을 지켜본다. 다른 사람들은 연출된 공포에 얼굴이 하얗게 질려 도망가기 바쁘지만 고수들은 '보이지 않는 두려움' 보다 자신의 투자확신을 믿는 것이다. 이런 사람들이 승리의 깃발을 든 것을 여러 차례 목격하기도 하였다. 이처럼 주식시장에서는 남과 다르게 생각하는 역발상 투자방법이 경쟁력이고 노하우가 된다.

미수매매나 신용매매는 주식시장의 사채다. 잘 쓰면 약이 되지만 잘못 쓰는 날에는 바로 독이 되는 것이다. 현명한 방법으로 사용하지 못하면 그대로 인생이 거래정지될 수 있다. 그러므로 미수는 반드시 활용방법을 잘 알고 사용해야 한다. 엊그제 계좌를 만들고 3대 의무를 지키려고 하면 안 된다. 이것들은 시장흐름과 호가창의 움직임, 기타 매매기법 등을 직접 체험하며 실패의 쓴 잔을 많이 마셔본 사람만이 가능한 투자방법이다.

작전주란, 거짓으로 허매수를 깔아 주가를 상승시키고, 주식을 가지고 있지 않은 상태의 공매도로 하한가를 만드는 것이다. 한마디로 난리법석을 부리는 종목인 셈이다. 이런 매매는 대체로 하락장에서 자주 볼 수 있다. 연일 상한가를 찍을 때는 잡을 수 없는 종목이기도 하다. 하지만 하한가를 연속으로 다섯 번 정도 쳤을 때는 관심을 두고 지켜볼 필요가 있다. 그 상태에서 적어도 한두 번의 상한가를 기대할 수 있기 때문이다.

특히 하한가 물량을 거두어가는 물량 단위를 주의 깊게 봐야 한다. 개인들이 1,000~2,000주를 거두어가는 것이 아니라, 적어도 몇 만 주씩 굵직한 물량의 움직임이 있어야 하는 것이다. 그러면 당일 진폭 30퍼센트까지 넘볼 수도 있는 종목이다. 이런 종목을 매매하지 않더라도 관찰해보면 주식시장의 흐름을 파악하는 데 도움이 될 것이다.

모든 일이 그렇지만 특히 주식시장에서 경험만큼 중요한 노하우는 없다. 주식시장의 고수들이 내놓는 수많은 투자기법, 투자전략들도 자신의 것으로 만들지 않으면 무용지물일 뿐이다. 대중의 반대편에 서서 깃발을 흔들 수 있으려면, 남들이 고(Go)를 외칠 때 스톱(Stop)을 외칠 수 있는 수익분기점이 있어야 한다. 이와 반대로 남들이 스톱을 외칠 때 고라는 강수를 두려면 손실폭에 대한 이해 및 손실액을 감내할 수 있는 마음가짐이 선행되어야 한다. 주식투자를 할 때는 화려한 청사진만큼이나 최악의 상황도 함께 대비해야 쉽게 무너지지 않는다. 무조건 똥배짱이나 빙산의 일각에 불과한 기법 하나만 믿고 투자에 나서는 일은 없어야 할 것이다.

연습매매는 주식 초보자의 첫 번째 의무다

더불어 사는 세상에서 지켜야 할 의무에는 나라에서 정한 것도 많지만 개인적으로 납세의 의무, 국방의 의무, 경조사 의무는 반드시 지켜야 한다고 생각한다. 특히 국방의 의무는 매우 중요한 것이다. 모든 일을 주식을 중심으로 보는 내게, 정일오빠의 컨디션은 매우 중요하다. 때문에 정일오빠의 한마디로 널뛰는 주식시장을 막기 위해서라도 남정네들은 군대를 가야 한다고 생각한다. 웃자고 한 소리지만, 두 아들을 키우고 있는 엄마의 입장에서 봐도 군대라는 곳은 꼭 필요할 듯하다. 물질적으로 부족한 것 없이 자란 철없는 아이들에게 세상이 그리 호락호락하지만은 않다는 것을 알려주기 위해서라도 말이다. 군대에서는 짬밥 수가 우선이듯 '객장에 아이울음 소리 날 때가 꼭지더라' 라는 말의 의미를 제대로 이해하기 위해서는, 주식의 짬밥도 중요한 법이다.

주식투자를 시작한 순간부터 나의 모든 생활은 '주식'을 중심으로 돌아가기 시작했다. 주식과 관련된 세금은 연체하지 않았으나 공과금이나 일반 세금은 밀리기 일쑤였다. 종목코드는 기억하면서 남편은 물론 시댁 어른들의 생신까지 잊어버린 적도 있을 정도로 주식에 미쳐 살았다. 이런 철없는 아내, 며느리를 늘 따뜻한 시선으로 바라봐주는 남편과 시댁 어른들께 감사하고 죄송한 마음뿐이다.

주식에서 실패하는 사람들을 보면, 과거의 나를 보는 것 같아 가슴이 아프기도 하고 화가 나기도 한다. 내가 그랬듯 그들 역시 실패할 수밖에 없는 요인들을 골고루 갖추고 있기 때문이다. 지난날 바보 같기만 했던 내 모습이 마치 저들로 인해 들켜버린 것 같기도 하고, 저들이 왜 계속해서 실패의 구렁텅이로 빨려들어가는지 너무도 잘 알고 있기 때문이다.

넘어지면 스스로 일어서야 한다. 누군가 와서 일으켜세워줄 것이라는 기대는 버려라. 그리고 다시는 넘어지지 않게 대응할 수 있도록 스스로 성장해야 주식시장에서 승리할 수 있다. 실패한 개미들이 살 수 있는 방법은 연습매매뿐이다.

연습매매는 주식의 성향을 파악하고 자신이 알고 있는 방법이 맞는지 점검하는 리허설과도 같다. 여러 형태의 주식들을 직접 사고팔기를 하면서 실전 감각을 익히는 것이다. 실전감각을 익히다 보면 자신만의 노하우와 매매기법이 생긴다. 그러다보면 수급이 형성되어 빠르게 움직이는 종목이 포착되었을 때는 과감하게 치고 들어가 매도자리인 일분봉상의 세컨드 탑에서 과감히 끊고 나오는 기지가 발휘된다.

전문가 방송을 하던 어느 날, 40대 후반의 중년 아주머니가 나를 찾아왔다. 그녀는 방송을 하고 있던 증권 사이트를 통해 나를 알게 되었다며 주식을 배우러 찾아온 것이었다. 나는 그 자리에서 오케이를 외치고 그녀의 매매습관을 살펴보았다.

그런데 그녀는 1만 원 이상의 종목은 보통 10주, 많아야 20~30주를 넘지 않는 매수를 하고 있었다. 그녀의 계좌에는 5,000만 원 이상의 투자금액이 있었는데도 말이다. 의아해하고 있는데 그녀는 내가 말한 연습매매를 연습하는 중이라며 웃었다. 그녀는 3개월의 연습 기간 동안 10주 매수, 100주 매수, 1,000주 매수를 단계별로 밟아나갔다. 나는 그녀를 보며 다시 한 번 독하지 않으면 살아남을 수 없는 게 주식시장이라는 것을 실감했다.

주식에 정답은 없다. 주식은 참여하고 있는 사람들의 돈으로 움직이는 제로섬 게임이다. 내가 돈을 벌고 있다면 반대로 누군가는 그 돈을 잃고 있는 것이다. 안타깝게도 주식투자는 긴장의 연속인 생방송과 같다. 편집을 할 수도 없고 재방송이 되지도 않는다. 방송을 몇 십 년씩 한 베테랑들도 생방송 카메라 앞에만 서면 긴장하지 않을 수 없다고 한다. 주식 투자 역시 마찬가지다. 난다 긴다 하는 고수들도 생방송으로 진행되는 주식시장 앞에서는 긴장을 늦추지 않는다. 그러니 이제 막 주식에 입문한 사람이라면 말해 무엇 하겠는가. 충분한 사전 리허설(연습매매)로써 대응능력을 기르는 수밖에 없을 것이다. 연습매매를 통한 실전매매를 경험하다보면 승률이 높은 자신만의 검증된 매매기법이 만들어진다. 바로 이것이 눈보라에 서릿발이 날려도 저버릴 수 없는 자신만의 투자원칙이 되는 셈이다. 이 원칙을 갖기까지 손실을 입는 투자금액은 수업료라고 생각하자. 다른 사람의 말이나 투자기법으로 자신의 투자 원칙을 흐리는 일은 없어야 할 것이다. '나를 주식시장의 생존자로 만들어줄 방법' 만을 믿고 승리의 깃발을 꽂기를 바란다.

승리는 1퍼센트 차이로 결정된다

　흔히들 주식으로 '대박'을 꿈꾸지 말라고 한다. 그러나 나는 감히 반대로 말하고 싶다. 누구나 주식으로 '대박'을 노릴 수 있다라고. 1퍼센트가 쌓이면 2퍼센트가 된다. 그렇게 차곡차곡 쌓인 1퍼센트의 수익률이 나도 모르는 사이 눈덩이처럼 불어나게 되는 것이다. 투자자들의 실패 요인 중 하나가 바로 이 '1퍼센트의 소중함'을 모르는 것이다. 욕심이 앞서 챙기지 못한 수익이 결국에는 실패한 투자자를 만들어낸다. 수익을 낼 수 있는 시간은 무한대지만, 손실을 내는 시간은 끝이 존재한다는 사실을 알아야 한다. 내가 이러한 진리를 좀 더 일찍 깨달았다면 반복되는 실수를 조금이라도 빨리 줄일 수 있었을 것이다. 한 번의 실수는 말 그대로 실수다. 하지만 그 실수가 반복된다면 그것은 실패다.

　전문가 방송을 할 때, 당시 청취자들은 중년의 남성부터 30대의 젊은 청년들도 있었지만, 대부분 아줌마였다. 그런데 어느 정도 시간이 지나고보니, 남성과 여성의 투자 스타일이 극명하게 다름을 알 수 있었다. 1퍼센트의 소중함을 모르는 남정네들은 상한가를 치닫는 한 종목에 승부수를 던지기 일쑤였다. 수익이 났을 때는 크게 웃을 테지만 엄청난 손실이 났을 때는 현기증이 일어날 정도로 손실액이 컸다.
　하지만 여자들은 아무리 좋은 종목이라 해도 한 번에 승부를 보려고 하지 않았다. 하루 1~2퍼센트, 많게는 5퍼센트 쌓이는 재미를 즐기고 있었다. 결국 내가 전문가 방송을 잠시 그만둘 때까지 고마웠다고 인사를 아끼지 않은 쪽도 아줌마 쪽이 훨씬 많았다. 시장에서는 한 푼이라도 깎으려는 에누리 정신이 주식시장에서는 쌈짓돈 수익전략으로 탈바꿈하여, 그야말로 제대로 된 돈 관리를 하고 있었던 것이다.

　세계에서 가장 잘사는 나라 미국의 백만장자들의 성공 유형을 분석해놓은 것을 본 일이 있는데, 내가 생각했던 것과는 크게 달랐다. 그들 중 50퍼센트가 넘는 인물이 부모로부터 단돈 1원도 물려받지 않고 자수성가를 통해 성공했다는 사실을 보고 심장 한 구석이 쿵 하고 쓰러지는 것이었다. 처음엔 선뜻 이해하기 힘들었지만 충분히 가능성이 있다는 걸 알게 되었다.

이렇게 본다면 요즘은 돈이 돈을 벌기에 가난한 사람은 부자가 되기 어렵다는 논리는 그저 논리일 뿐이고, 단지 가진 사람보다 빨리 부자가 되기 힘들다고 하면 모를까 돈이 없어 부자가 될 수 없다는 사실은 억지에 불과하며 '게으른 자의 자기합리화' 로밖에 보이지 않는다. 사실 부자라고 해서 꼭 백만장자를 뜻하는 것은 아니지 않는가? 부의 기준을 자신에게 맞게끔 정한 뒤 노력이라는 엔진을 미련하게 돌리면 언제든지 부자가 될 수 있는 것이다.

이런 사례는 어디에서나 쉽게 찾아볼 수 있다. 마이크로소프트사의 빌 게이츠는 돈이 많아서 부자가 되었나? 아니면 주식시장에서 주식의 아버지라 불리는 워렌버핏도 많은 투자금액으로 시작해서 세계 2위의 부자가 되었느냐 말이다. 그는 신문팔이를 해서 모은 종자돈으로 시작해서 미국 최고의 갑부가 되었다. 맨손으로 회사를 일군 현대 정주영 회장이나 지금도 굳건한 삼성의 창업자 이병철 회장이 모두 물려받은 부자는 아니라는 것이다.

혹자는 '재벌은 하늘에서 내린 사람입니다. 우리가 어떻게 워런버핏이나 정주형 회장처럼 되겠어요'라며 마치 그들은 신의 영역에서 움직이는 사람인 것처럼 치부해버린다. 나는 '그렇다면 당신은 그들이 일군 부를 부러워해서는 안 됩니다' 라고 말할 것이다. '그들이 이룬 부는 부럽고, 부를 일구고자 노력한 과정은 거들떠도 보지 않겠다' 는 심보로는 아무것도 이뤄낼 수 없다.

너무나 쉬운 얘기이긴 하지만, 노력하고 근면 절제하면 누구나 부자가 될 수 있다. 간단하게 생각하자. 무엇이든 어렵게 생각하면 해결의 실마리도 쉽게 제 모습을 보여주지 않는다.

주식시장의 단순 논리가 '내리면 사고 오르면 팔아라' 다. 그와 함께 톨스토이의 명언인 '안 쓰면 누구나 부자가 될 수 있다' 는 말이 무얼 의미하는지 깊이 새겨보면 부자가 될 수 있는 길은 누구에게나 그리 요원하지만은 않을 것이다.

세력주와 공생협정을 맺어라

주식시장에는 계속적으로 시기와 상황에 맞추어 등장하는 테마 군단이 있다. 테마주는 주식시장이 존재하는 한 계속해서 만들어질 것이다. 대통령 선거가 있으면 1년 전부터 대선용 테마가 돌고, 겨울철에 어김없이 등장하는 조류독감 역시 강한 테마주다. 이들은 바로 소멸되는 것이 아니라 비슷한 뉴스거리가 있을 때 다시 고개를 드는 순환현상을 보인다.

이처럼 한때 시장의 핵심이었던 종목군들은 모두가 주인이 있다고 보면 된다. 다만 그 주인들이 눈에 보이지 않기에 '세력이 있다'는 말로 표현하는 것이다. 세력은 어느 종목에나 다 있다고 봐도 무방하다. 다만 세력의 성향 차이가 종목의 움직임을 다르게 만들 뿐이다. 다시 말해 바바리 깃을 세운 멋진 세력님이 만지느냐, 고무신 신고 추리닝을 걸친 수수한 세력님이 만지느냐에 따라 개미에게 끼치는 영향력의 차이가 결정되는 것이다.

외국인, 기관, 일반 개인들 누구나 세력이 될 수 있는데, 그 주체에 따라 강한 급등주가 되기도 하고 하루살이가 되기도 한다. 한마디로 주가를 움직일 수 있는 자금력에 따라 상한가를 열 번 만들 수도 있고, 단발로 끝낼 수도 있다는 것이다.

그런데 정석 플레이를 한다고 자부하는 사람들은, 세력주를 매매하는 투자자를 놀음판의 야바위꾼으로 볼 때가 많다. 어떻게 그런 종목을 매매하느냐는 식이다. 그런데 주식시장의 승패는 수익이 말해주는 것이다. 진짜 명품이 좋은지, 명품을 카피한 가방이 좋은지 따질 필요가 없다. 한 번 들고 나가 내 기분 살리면 그만인 것처럼, 수익만 많이 내면 그만이라는 얘기다.

주식시장은 어느 정보기관만큼이나 보안이 철저한 곳이다. 때문에 개미들이 세력을 찾기란 바람나서 집 나간 강아지 찾기보다 어렵다. 현실적으로 일반 개미들이 이제 막 급등하기 시작하는 종목을 찾기란 불가능하단 말이다. 설령 그 종목이 한때 시세를 낸 흔적을 보고 먼저 매복하고 있다가 행운을 잡았다면, 그야말로 소가 뒷걸음질 치다 쥐 잡은 격이라 보면 된다. 이런 이야기를 하는 이유는, 세력주라는 말만 듣고 무조건 쫓아 들어갔다가 만신창이가 된 사람들을 많이 보았기 때문이다.

그렇다면 세력을 이길 수 없는 방법은 아예 없는 것인가? 주식 투자자라면 누구나 세력이 멋지게 그려내는 포물선을 따라가고 싶은 욕망이 있을 것이다. 막대한 수익으로 이어지기 때문이다. 주식시장에서 단기간 고수익으로 새로운 신화를 쓴 사람들, 이들은 세력의 흐름을 읽고 있었다는 공통점을 보인다. 이들은 세력이 좋아하는 유형을 공부하여 세력을 앞질러가는 공격적인 전술보다는 일보후퇴를 하는 전략을 사용한다. 절대로 세력을 이기기 위해 섣부른 도전장을 내미는 것이 아니라, 조용히 그 뒤를 밟는 것이다.

주식투자에서는 주식시장의 시계를 좇아라

주식시장은 내가 살기 위해 다른 사람을 죽여야 하는, 생존경쟁이 치열한 곳이다. 주식 '주' 자도 모르고 대우증권 객장에 첫발을 디뎠을 때도 아줌마 영역은 주어지지 않아 구석진 곳에 쭈그리고 앉아 전광판만 뚫어지게 보고 오는 날들이 허다했다. 더러 아지매들이 주식이나 한답시고 떼로 몰려다니면 꼴불견으로 치부해버린다. 그러나 지금은 내가 처음 주식을 할 때와는 상황이 많이 달라졌다. 주식투자를 할 수 있는 것만으로도 이 땅의 경제에 이바지하는 나라의 역군 아지매로 봐주고 있으니 감개가 무량하다. 지금 주식시장에서 아줌마에 대한 새로운 이미지로 승부수를 던지고 있는 아지매들은 과거의 나에 비하면 정말 타이밍을 잘 맞춘 시대의 행운아들이라고 할 수 있다. 주식이란 것이 말할 것도 없이 타이밍을 잘 잡아야 하는 종목 아닌가.

주가는 총 4단계의 시간 구성으로 짜여 있다. 특히 하락장에서 개미들이 살겠다고 주식을 던지고 나가는 폭락구간과 폭락 뒤에 투자자를 농간이라도 하듯 다시 그 자리로 가져다주는 반등구간, 그리고 한 치 앞을 내다볼 수 없는 폭등구간과 일정한 박스권인 횡보구간이 그것이다.

4단계로 짜여진 구간 중에서도 역시나 시간과의 싸움에서 적절하게 타이밍을 맞추면 누워서 떨어지는 홍시를 받아먹을 수 있다. 폭등구간과 횡보구간은 예측이 불가능하지만 크게 폭락한 주식은 반드시 회귀 본능이 있어 쉽게 답을 찾을 수 있다. 폭락 뒤에는 반등구간이 나오므로 그것을 적절하게 이용하면 단기적인 수익을 챙길 수 있다. 지금 우리 시장은 종합지수가 2,000포인트에 달한 그날부터 하루에 빠지는 폭이 엄청나다. 하루 중에 10분 동안 10퍼센트의 하락이 지속될 때 발휘하는 서킷 브레이크를 발동시킬 만큼 시장은 급등락이 심하다. 여기서 말하는 서킷 브레이크는 주식시장에서 주가가 급등락할 때 주식매매를 일시적으로 정지하는 제도를 말한다.

  물론 세계의 여러 변수들과 함께 움직이고는 있지만 이미 주식시장에서의 머니게임은 시작되었다. 너무도 많은 이들이 머니게임을 즐기기 위해 증권문을 두드리고 있다. 우리 시장도 IMF때 말고는 하루의 등락폭이 40포인트 정도 하락하면 무슨 난리가 나는 줄 알았다. 그러나 지금은 종합지수가 100포인트 이상도 빠지는 널뛰기 시장으로 변하였다. 이런 시장에서 데이트레이더들은 물 만난 기분일 것이다. 진폭이 크기 때문에 하루에도 적게는 5퍼센트, 테마를 잘 타면 10퍼센트도 얼마든지 수익권을 만들 수 있게 된다.

반등구간을 노릴 때도 전체 시장을 볼 줄 알아야 한다. 상승장에서 폭락인지, 아니면 하락장에서 폭락인지를 구별해야 한다. 가령 상승장에서 종합지수 폭락이 나올 때는 구관이 명관이라고 종합지수와 관련된 종합지수를 견인해온 우량주를 매수해야 한다. 종합지수 반등시 지수를 이끈 종목들이 먼저 지수를 끌어올리기 위해 선두에 서기 때문이다. 상승장에서도 지수가 심하게 빠질 때는 첫날은 지켜보면서 보통 하락 3일째부터 매수해 들어가면 승률은 높다. 그러나 하락장에서 폭락은 무서울 정도다. 지지선이 무너진 종목은 가차 없이 하한가로 가버린다.

2007년 8월 16일 목요일 주식시장을 보면 코스닥 시장에서 무려 400개 하한가가 속출했는데, 이것만 보더라도 겁나는 주식시장이다. 그러나 하락하는 무서운 장에서 수익률은 더 높을 수 있다. 빨간 불을 켜는 상승 종목들을 쉽게 찾을 수 있기 때문이다. 대부분의 종목이 하락을 해서 파란 불이기에 상승하는 종목이 눈에 잘 띄는 것이다. 이런 종목들은 시장에서 주인이 있기에 눈여겨보아야 한다.

그날의 주식시장 경우를 보면 8월 19일 한나라당 경선을 앞두고 대선 관련 주와 8월 말 노무현 대통령의 북한 방문을 두고 대북관련 종목들이 빛을 발했다. 재미있는 것은 한나라당 경선이 어느 후보 쪽 손을 들어줄지 몰라서인지 며칠째 상한가 행진을 하던 이명박 후보의 대운하 건설 관련된 주식 중 홈센터라는 종목이 아침 일찍 하한가를 갔다. 반면 박근혜 후보와 관련된 대선 관련주인 동양물산은 130포인트가 하락하는 장에서 14퍼센트의 고점을 형성했다. 주식은 굉장히 예민해서 살아 있는 생물이라고 말한 적이 있다.

정치 경제뿐만 아니라 세상 만물이 어느 것 하나도 전체 연결고리에서 흐트러져 있지 않다. 심지어 태풍이 와서 농가에 피해가 오면 다음날 비료를 만드는 회사가 이유 없이 상한가를 치는 것을 보더라도 모든 것은 서로서로 불가분의 관계를 가지고 있다. 그러므로 누가 대통령이 되느냐를 판가름하는 유권자의 심리는 이미 주식시장에서 먼저 주가를 움직이고 있다고 하면 주식시장의 섭리를 쉽게 이해할 수 있을 것이다.

그런데 오후 장이 들어서서는 상황이 또 바뀌었다. 30만 주가량 하한가 잔량이 있던 홈센터 종목이 마이너스 15퍼센트에서 시작해 5퍼센트 상승을 보였다. 그런 반면 동양물산주식은 13퍼센트에서 하한가(마이너스 14퍼센트)까지 가버렸다. 투자자들도 아직 어디에 손을 들어야 할지 몰라서인지 두 후보와 관련한 종목이 시소를 타고 있었다. 그리고 대북 관련한 이화전기라는 종목도 마이너스 4

퍼센트에서 오후 장에 플러스 15퍼센트 상한가를 가버렸다. 10월에나 이루어질 남북정상회담이지만 대북 관련한 종목들도 기대심리가 살아 있음을 주식시장을 통해서도 느낄 수 있다. IMF 이후 처음 있는 폭락장에서 이 종목들의 진폭은 하루에만도 20~30퍼센트를 넘나들었다. 이렇게 테마를 이룬 강한 종목들은 비바람이 몰아치는 여건 속에서도 죽었다가도 살아날 수 있는 비아그라를 몸속에 항상 지니고 있다고 생각해도 틀린 말은 아니다. 그래서 폭락장이라고 무조건 두려워할 것은 아니라는 걸 주식시장을 통해서 배워야 한다.

이런 주식의 습성을 잘만 이용하면 절반은 성공한 셈이다. 주식 격언에 '주식에서는 때를 사라' 는 말이 있다. 성급하게 기다릴 줄 모르고 어느 구간에 베팅을 해야 할지 모른다면 주식의 주자도 모르는 하수로 전락하는 데는 오랜 시간이 필요하지 않다.

회사원이었던 A씨는 담뱃값이나 벌어보려고 주식을 시작하게 되었다. 그런데 아침에는 회의가 많은 관계로 업무에 지장이 있어 빠른 시초가 매매는 따라하지 못했지만 오전에 약간 짬을 내어 주식시장을 들여다볼 수는 있었다.

주식시장도 아침 장이 열리고 나면 약간의 휴식 시간인 횡보를 갖는 시간대가 있다. 보통 10시 30분 전후나 오후 장에는 12시에서

1시 사이로 이루어지는데 직장인들은 이때를 이용하여 아침에 강했던 종목군을 따라 매수를 한다. 그런 후 오후 장에 수익이 나거나 빠르면 12시 이전에 짧은 파동이나마 기대할 수 있다. A씨는 이런 시간대를 이용해서 하루 3~4퍼센트 수익을 챙겼다.

한번은 A씨가 나에게 전화를 해서 여자가 좋아하는 것이 무엇이냐고 물었다. 나는 행여 나한테 고마움의 선물을 하려는 줄 알고 괜찮다고 소리를 질렀다. 그런데 그게 아니라 그동안 수익이 난 돈으로 아내를 위해 선물을 하고 싶다고 한다. 헛다리를 짚어 다소 무안했지만 A씨의 아내를 사랑하는 마음을 보고 나는 기쁨에 차올랐다. 그래서 백수아지매는 치마만 두른 여자라 꽃을 싫어하지만 대부분의 여자들은 꽃을 좋아하니, 집에 꽃을 사들고 가라고 했다. '죽도록 사랑한다'는 의미의 꽃말을 지닌 안개꽃에 몇 송이 장미를 얹어 가라고…….

주식시장에서 성공하는 방법은 수없이 많다. 타이밍과의 싸움에서 승리하면 큰 수익을 얻을 수도 있지만 이 말을 거꾸로 해석하면 오판을 하게 되면 입게 될 상처 또한 만만치 않다는 뜻이다. 보통 이상의 손실을 감수해야만 한다는 뜻이다. 강세장에서는 풀 베팅을 할 줄 알아야 하고 급락장에서는 소나기를 피할 줄 알아야 하는데 원리는 머릿속에 꿰뚫고 있으면서도 뜻대로 움직이지 않는 것 또한 주식투자이다.

아울러 주식은 참아야 할 때가 있고 미친 듯이 사야 할 때가 있고 더러는 넣었다가 다시 빼야 할 때도 있다. 언제 기다려야 하고 언제 베팅을 해야 하는지를 구분할 줄 아는 분별력을 가진 투자자가 되어야 한다는 거다. 그러나 기회는 평생에 걸쳐 시도 때도 없이 온다는 착각 속에 빠져만 산다면 승리의 여신은 오다가도 다시 돌아간다. 마치 바둑을 둘 때 하수는 두고 나서 생각하고 후회하지만 고수는 바둑을 두기 전에 먼저 생각하는 것과 같다. 주식도 바둑과 다를 바 없다. 때를 기다릴 줄 모르고 계좌에 주식만 보유한 왕초보가 될 것인지, 아니면 총알을 가득 가진 고수가 될 것인지 투자자 스스로 생각해볼 문제다.

주식시장에서 잠시 외출하다

코스피는 상장기업의 주식을, 코스닥은 등록기업의 주식을 매매하는 것이다. 그런데 코스피의 상장조건이 까다로워, 대형 기업이나 역사가 오래된 기업이 많이 포진되어 있는 반면 코스닥은 신생기업이나 기업규모가 적은 벤처 기업이 중심을 이룬다. 기술주 중심의 제2시장이라 할 수 있다. 2000년 가을 당시 코스닥의 열풍은 대단했다.

코스닥이라는 신종 마약은 투자자들을 광란의 주식시장으로 끌어들인 일등 공신이다. 2001년 주식시장이 '묻지마 증시'가 된 것 역시 코스닥 덕분이었다. 그때나 지금이나 시장이 부활하기 위해서는 시장을 주도하는 테마가 형성되면서 대장을 앞세우기 마련이다. 대통령 선거를 앞두고 대선테마가 시장을 주도하는 것처럼 말이다.

당시 테마주들은 결코 죽지 않을 영웅처럼 화려한 날갯짓으로 개미들을 불러들였다. 그러자 개미들은 증권사 문이 비좁을 정도로 몰려들어 돈을 묻기 시작했다. 그런데 '묻지마 투자'의 대장격인 종목들은 삼시 세 끼를 보양식으로 관리하지 못하고, 인스턴트 식품으로 허기를 달래는 데 급급했다. 부실하기 짝이 없었던 것이다. 따라서 오래 버티지를 못했고, 시장에 적지 않은 후유증을 남기고 사라져버렸다.

그리고 개미들의 무덤이 하나 둘씩 생겨나기 시작했다. 그나마 비스킷이라도 먹을 수 있는 개미들은 위안을 받았지만, 이미 생매장되어버린 개미들의 곡소리는 전국적으로 울려퍼졌다. 아무리 좋은 약도 내 몸에 맞지 않으면 독이 되듯이, 테마도 막차를 타면 돌이킬 수 없는 상처를 남긴다는 사실을 잊지 말아야 할 것이다.

IT종목들이 별다른 이유 없이 연일 상한가를 치던 시절도 있었다. 별것 아닌 재료 하나 가지고 계속된 상한가 행진은 그때 이후로 본 적이 없다. 그리고 액면분할주 역시 시장의 큰 테마였다. 액면분할이란, 거래의 유동성을 높이기 위해 액면가액을 일정한 비율로 쪼개서 주식 수를 증가시키는 방법을 말한다. 당시 새롬기술(현 솔본)은 이 대열의 선두주자였다.

테마주의 대장격이었던 새롬기술은 액면분할을 끝내고, 연속 상한가 네 번이라는 기록을 세웠다. 그리고 전형적인 개미들의 물량을 훑어서 빼앗는 '하한가 한방작전'을 펼쳤다. 이후 새롬기술은 연말 납회일까지 연일 쩜상으로 상한가 30방은 족히 간 것으로 기억이 된다. 덕분에 새롬기술은 30만 원대의 가격 형성으로 삼성전자 주식과 어깨를 나란히 할 정도였다. 현재 새롬기술이 개명한 솔본의 주가가 5,000원(2007년 10월 25일 기준) 안팎인 걸 보면 당시 거품이 얼마나 대단했는지 알 수 있다.

그런데도 나는 쩜상이 기본인 '묻지마 장'에서도 손가락만 빨고 있어야 했다. 짧은 시간 동안 나의 투자금액을 모두 잃고 실의에 빠져 있었기 때문이다. 장이 열리는 9시부터 장이 끝나는 3시까지 눈앞의 먹잇감을 바라보고만 있어야 하는 현실이 너무나 힘들었다. 무슨 일인지 총을 갖고 있지 않으니 명중해서 쏠 종목들이 많이도 보였다. 그것은 아마도 시장을 나의 기준이 아닌 냉정한 시선으로 바라봤기 때문일 것이다. 바둑을 둘 때 훈수를 두는 사람이 수를 더 잘 읽는 것과 비슷한 이치다. 그만큼 주식은 이성적인 판단이 중요하다. 그런데 초보자일수록 이 냉정한 판단과 멀어지는 우를 범해 실패를 거듭하는 것이다.

나 역시 거듭된 실패로 만신창이가 되었지만, '이제는 정말 주식시장을 객관적으로 판단할 수 있다'는 자신이 생겼다. 하지만 아무도 나를 믿어주지 않았고 다른 것은 도와줄 수 있지만 주식에 대한 미련만큼은 버리라는 가족들 애원의 목소리가 줄을 이었다. 주변의 만류가 아니더라도, 나 자신이 역시 때가 아니라는 생각이 들었다.

하지만 이내 집에서 솥뚜껑만 운전하라는 것은 나를 두 번 죽이는 일이라며 버팅기기 시작했다. 돈을 다 잃은 것만도 가족에게 고개를 들지 못할 일인데, 어디서 그런 배짱이 나왔는지 모를 일이다. 하지만 어느 순간, '배짱 하나로 여기까지 왔다'는 생각도 들었다. 그리고 그때 주식을 그만두었더라면 이렇게 책을 쓸 기회조차 주어지지 않았을 것이다.

PART 2
백수아지매의
주식 인생 2라운드

01

쨍하고 볕이 들다

분할매수와 손절매 전략을 무시하면 백전백패

나는 가족의 권유로 학원 사업을 준비하기 시작했다. 다시는 주식 근처에는 가지도 말아야 하며 주식에 대한 모든 과거는 지워야 한다는 각서를 쓰고 새로운 터전을 부여받은 것이다.

흔히 주식에는 운도 작용한다 하는데, 이것은 개인적으로 인정하고 싶지 않지만 아예 무시할 수 없는 말이기도 하다. 늦잠 자고 일어나 HTS를 접속해도 종목들이 상한가에 가 있어 웃고 있는 투자자가 있는가 하면, 상한가 잔량 1,000만 주 이상 쌓여 있는 것을 보고 흐뭇한 마음으로 화장실 한 번 다녀온 뒤 상한가가 풀어져 마이너스를 내고 있는 종목을 보유한 투자자들을 보면 '운발'이라는 것을 인정하지 않을 수 없다.

그런데 주식과 달리 학원 사업은 열심히 하는 만큼 그 노동의 대가가 정직하게 현금화돼서 돌아왔다. 노력하는 만큼 돈이 쌓이다 보니 저절로 신바람이 붙어, 그동안 주식시장에 쏟아부었던 열정을 학원사업에 쏟아부었다. 교육 사업으로 성공할 수 있을 것 같은 확신과 함께 주식으로 받은 상처를 하나씩 치유해가고 있었던 것이다.

그런데 나의 시련은 끝나지 않았다. 갑작스레 남편이 다시 지방 발령이 나버린 것이다. 2년의 서울 생활, 주식한다고 뛰어다니는 철없는 아내 뒷바라지해준 것에 대한 보답을 시작하려던 차에 지방발령이라니……, 눈앞이 캄캄해졌다. 그렇다고 이제 막 시작한 학원 사업을 접고 내가 함께 갈 상황도 못 되었다. 주식도 내 곁을 떠나고 남편도 떠날 채비를 하니 속만 답답했다.

남편이 떠난 자리는 주식만큼이나 공허했다. 말이 쉽지 가족이 떨어져 산다는 것이 얼마나 고통스러운 일인지 모른다.

그러던 어느 날, 뜻하지 않은 손님이 원장실 문을 노크했다. 그들은 바로 내가 숱한 돈을 갖다 바친 증권사의 교주가 보낸 전도사들이었다. 교육 사업을 비아냥거리기라도 하듯 떼로 몰려온 그들은 '아지매가 빨리 돌아와서 주식시장에 이바지할 수 있도록 천지신명이 도와달라'며 본격적으로 부채질을 하기 시작했다. 나는 이상하게도 주식에 대해서만큼은 귀가 얇다. 흘러오는 바람에 주식시장의 작은 소문이라도 들리면 그때부터 가슴이 뛰기 시작한다. 그만큼 매력 있는 곳이 주식시장이라고 하면 나약한 나의 의지에 대한 변명이 될까?

　주식시장에 몸담은 짧은 시간 동안, 수없이 좌절하고 넘어졌던 그림들이 주마등처럼 스쳐지나갔다. 주식은 인내와의 싸움인데, 급한 성격 탓에 반복된 실수는 어느새 눈덩이처럼 커져 감당할 수 없는 지경에 이르렀던 것이다.

　주식을 매수할 때도 망설이거나 저점을 찾기보다는 급한 성격대로 시장가 주문을 냈고, 분할매수는 수도승만이 할 수 있는 영역이라 치부하고 생각지도 않았다. 분할매수의 원칙을 누구보다 잘 알고 있으면서도 실상은 그렇지 못했다. 내가 관 속에 들어갈 때까지 할 수 있는 것이 바로 주식투자인데, 한시라도 빨리 실패를 만회하고자 하는 마음에 '스톱'이 아닌 '고'만 외쳐댄 결과였다.

주식은 저점에 들어가 고점에 매도해야 큰 수익을 볼 수 있다. 그런데 문제는 그 저점과 고점을 귀신도 모른다는 것이다. 따라서 대부분의 투자자들은 선행된 지표를 보고 근접한 가격대를 찾기 마련이다. 게다가 주식시장은 어떤 변수가 일어날지 모르는 시한폭탄과 같으므로, 평균 단가를 맞출 줄 아는 분할매수로 대응해야 한다. 하지만 대부분의 투자자들은 수급이 이루어져 많은 물량이 들어오는 종목을 발견하면 마음이 바빠진다. 그리고 '대박'의 환상을 쫓아 추격매수도 마다치 않는다.

사실 사람의 욕심을 뒤로하고, 분할매수를 한다는 것은 참 어려운 일이다. 심리적으로 승산이 있다고 판단되면 손이 먼저 움직일 수밖에 없는 것이다. 그렇기 때문에 스스로 컨트롤하기 힘든 사람들은 적은 물량으로 적절한 매도타이밍을 찾는 연습을 해야 한다. 꾸준히 연습매매를 하다보면, '여기서 들어가면 된다'는 확신이 드는 눌림 구간을 발견하게 될 것이다. 그 구간에서 다시 2차 분할매수를 들어가면 된다. 투자자가 신도 아닌데 어떻게 완벽할 수 있겠는가? 자신을 다스리면서 연습을 하다보면 분할매수도 그렇게 어려운 일은 아닐 것이다.

나는 뛰어가는 주식은 날아서라도 매수했고, 운이 좋아 보유한 주식이 오르기라도 하면 손가락을 마우스에 올려놓고 안절부절못하기 일쑤였다. 반대로 보유주식이 하락할 때는, 손절매는 생각지도 않고 아예 컴퓨터를 꺼버리거나 체념을 했다. 한 종목에 미수 몰빵을 하고 나서도 겁 없이 오버나이트(Overnight, 좋은 흐름이 예상되면 당일 매도를 하지 않고 1~2일 더 보유하는 것)를 밥 먹듯이 했다. 칼 같은 자신만의 원칙을 가지고 있어도 깨지는 것이 주식시장인데, 원칙은 고사하고 오기로만 덤볐던 것이다. 이는 주식투자를 실패로 이끄는 지름길이다.

투자실패의 덫에서 빠져나오게 해준 333전법

나는 식구들에게 '다시는 주식을 하지 않겠다' 고 쓴 각서를 까맣게 잊은 채, 전도사들이 남기고 간 마술 같은 증권사 프로그램을 세팅하기 시작했다. 다시 주식을 시작하기 위해 컴퓨터에 증권 프로그램을 설치한 사실을, 세계 3대 비밀 정보기관인 미국의 CIA, 소련의 KGB 그리고 영국 정보국 M16이 와서 조사해도 찾지 못할 정도로 철저한 보안을 유지했다.

만약 기밀이 누설된다면 '주식을 다시 한다면 손에 장을 지지겠다' 는 각서 앞에서 혼돈의 시간을 보내야만 했을 것이다.

그리고 주식시장에서 고수의 벽을 넘어 달인 아니 주신이 되기 위한 내공부터 쌓아야겠다고 다짐했다. 이렇게 백수아지매의 주식입문 2라운드는 시작되었다. 그것도 아주 비밀스럽게……

가장 먼저, 그동안 내가 주식시장에서 실패한 경우의 수들을 분석했다. 답은 비교적 쉽게 찾을 수 있었다. '저점매수, 고점매도'를 잘해야 한다는, 아주 기본적인 답이 나왔던 것이다. 잘 알고 있으면서도 실행에 옮기지 못했던 것이 참패를 부른 화근이었다.

'벙어리 3년, 귀머거리 3년, 눈 봉사 3년'이라는 '333전법'이 주식에도 통하는 것이었다. 나는 333전법에 어긋남이 없도록 원칙을 세워나갔다. 세 번을 생각하고, 세 번을 나누어서 사고, 세 번을 나누어서 파는 정직 플레이를 원칙으로 매매하기로 굳게 마음먹은 것이다.

이는 돈을 버는 방법일 수도 있겠지만, 돈을 잃지 않는 방법이기도 했다. 처음 주식투자를 시작할 때는 돈을 버는 것만 생각했지 돈을 잃지 않는 방법을 깨우치지는 못했다. 짧은 시간 동안 투자액을 모두 날리고 두 손 들고 주식시장을 나왔지만, '돈을 잃지 않는 방법'을 깨우쳤다는 사실만으로도 나는 고무되어 있었다.

나는 결코 할 수 없을 것 같았던 손절매의 안전장치도 마련한 상태였기 때문에, 흔들림 없이 고지를 향한 연습매매는 시작되었다.

무엇보다 나를 먼저 테스트해보아야 했다. 내게 가장 큰 과제는 분할매수와 분할매도였다. 항상 간이 배 밖에 나와 있는 나였다. 주식의 '주' 자도 모르던 시절부터, 미수를 사용하더라도 몇 만 주씩 매매를 했으므로, '과연 내가 100주를 사고 200주를 사서 나만의 기법을 만들 수 있을까' 의구심이 생긴 건 당연했다. 한마디로 통만 크게 가지고 있었던 것이다.

마우스로 가는 내 손을 제어하기 위해 허벅지에 피가 나도록 바늘로 찔렀다. 다시는 죽지 않기 위해 인내와 고통의 시간을 보낸 것이다. 이번에는 반드시 성공해야 한다는 필승의 신념으로 스스로를 얼마나 채찍질했는지 모른다.

남과 똑같이 해서는 남 이상 될 수 없으며, 고난을 이긴 자만이 성공한 투자자가 될 수 있다며 자신을 설득해나갔다. 그런 시간들이 어느덧 나를 한 단계 높은 자리에 올려놓았다. 하지만 고통의 잔흔들이 내 허벅지에 그대로 남아 있어, 일기예보를 듣지 않아도 비가 오는 날과 내리는 비의 양 정도는 가뿐하게 맞출 수 있게 되었다.

하나를 얻으면 반드시 잃는 게 있기 마련이다. 그것이 인생의 이치이며 신이 인간에게 내린 기회의 동전이다. 그런데 많은 사람들은 신이 내린 기회라는 동전 그 뒷면의 '얻는 대신 다른 걸 잃어야 한다'는 전제조건을 잊은 듯하다.

10억 만들기의 발판을 마련해준 투자비기

'나는 결코 주신이 될 수 없으며 고작 원금을 잃지 않는 하수를 면하는 투자자다'라는 끊임없는 암시로 내 안의 근거 없는 자만심을 거둬냈다. 그리고 말 그대로 와신상담하며 목표를 명중시킬 저격수가 되는 날이 오기만을 손꼽아 기다렸다.

그러던 어느 날, 드디어 주식시장 뚜껑만 열면 오늘은 광덕이파가 바지주름 잡고 나올 것인지, 대림파가 깃발 꽂으러 갈 것인지 한눈에 들어오기 시작했다. 그동안 허벅지 찔러가며 지루한 원칙을 지킨 보람이 있었다. 더 이상 교육사업 운운하며 방구석에 앉아 있는 것은 시간낭비라는 생각이 들었다. 하루빨리 주식시장에 발을 넣어야 하는데 학원을 그만둘 마땅한 구실이 떠오르지 않았다. 차라리 적자 운영이었다면 그만큼 좋은 핑계거리도 없으련만, 현실은 그 반대니 정말로 난감했다.

고민에 고민을 거듭하던 나는 가족 모두를 불러놓고 일장연설을 했다. 4년 동안 교육사업을 운영함에 있어 나에게 많은 도움을 준 가족들에게 심심한 감사의 마음을 표하고, 인생이 오르막만이 있는 것이 아니기에 박수칠 때 떠나고 싶다는 의지를 천명했다. 그러자 가족들은 주식으로 잠시 물러날 때와 달리, 그간의 노고를 격려하며 교육 사업에 종지부 찍는 일에 동의해주었다.

그러나 다음 단계가 문제였다. 다시 '주식과 전투하러 간다'는 선전포고를 해야 하는데, '주식과 이별하겠다'는 각서가 발목을 잡은 것이다. 나는 가족들을 회유하기 위해서, 그동안의 나의 실적 자료를 제시하고, 힘들게 일군 노하우를 공개했다.

하지만 남편은 내가 박 이사와 손잡고 주식시장에 뛰어들려고 했을 때보다 한 단계 의미심장한 버전으로 얘기했다. 남편은 눈을 감고 '돈을 사랑하는 것이 악의 뿌리가 되고, 돈을 사모하는 자들이 믿음에서 떠나 자신을 해치게 된다'는 말을 새기라고 했다. 어느덧 나도 남편의 뼈가 담긴 승낙에 콧구멍 벌렁거리며 좋아할 나이는 지나 있었다. 남편은 아마도 내가 뼈를 깎고 때를 기다린 세월이 짧지는 않았음을 눈치채고 있었던 듯하다.

2004년 7월, 더 이상 실패하지 않으리라는 자신감으로 주식시장의 문을 활짝 열고 들어갔다. 주식은 더 이상 두렵거나 무시할 존재가 아니라 '나의 밥'이었다. 열 번 싸우면 한두 번 패할까, 예전처럼 500만 원 벌면 다음날 천만 원이 깨지는 어처구니없는 일은 일어나지 않았다. 방패이자 안전장치인 손절매로 손실은 작게, 수익이 날 때는 배짱을 부리며 열고를 외쳐도 무리가 없을 정도로 운도 따라주었다.

주식시장만큼 입소문이 빠르고 냄새를 잘 맡는 곳도 없다. 내가 주식시장의 돈을 끌어들이고 있다는 정보가 누구의 입을 통해 들어갔는지, 생각지도 않은 제의를 받게 된 것이다. 전문가들이 회원확보를 위해 벌이는 구전마케팅Verbal Marketing 전략 중 하나인 증권방송 출연 제의를 받게 된 것이다.

일반투자자들은 여러 채널을 통해 증권방송을 접한다. 나 역시 초보시절에는 증권방송을 들으면서 주식시장을 바라봤다. 방송의 진위 여부를 떠나 다양한 정보가 공유되었기에 한경와우든 이토마토든 개인 사이트를 통한 채널이든 섭렵하고자 했다. 물론 애널리스트의 얘기도 참고했다. 그런데 답답하게 진행하는 애널리스트의 방송을 듣고 있자면 마이크를 빼앗고 싶을 때가 한두 번이 아니었다. 어떻게 저런 식의 삼척동자도 다 아는 수준의 얘기만 늘어놓을까, 답답한 마음에 애가 타기도 했다.

그런데 증권 사이트 e사에서 '아지매 목소리가 장난 아니게 크던데 전문가 방송 한번 해보지 않으랍니까' 라는 제안이 들어온 것

이다. 그렇게 백수아지매의 주식투자 2라운드는 전과는 비교도 안
될 만큼 화려하게 막을 열었다.

주식시장에서는 생존자가 최후의 승리자다

지금도 주변엔 전업투자를 고민하며 조언을 구하는 사람들이
많다. 전업투자자에 쏟아지는 주위의 시선이 그리 곱지 않음에도
불구하고 많은 이들이 전업투자를 꿈꾸는 것을 보면, 주식투자가
그만큼 매력 있다는 뜻일 것이다.

주식투자를 하는 대부분의 사람들은 오늘 손실을 보았다 하더
라도, 다음의 '대박'을 기다린다. 하지만 오랜 기다림에도 불구하
고 마이너스가 된 계좌 잔고를 보면서, 그것이 부질없는 꿈이라는
사실을 이내 깨닫게 된다. 하지만 여전히 주식시장에 사람들이 모
이는 이유는 '대박의 꿈'을 이룬 사람들이 실제로 존재하기 때문
이다. 그들은 자신의 원칙과 투자경험을 바탕으로, 독창적으로
'대박을 만드는 룰'을 만들어낸 공통점을 가지고 있다. 주식의 진
정한 법도를 모르고 무작정 뛰어든 사람들이 패가망신하는 것이
다. 특히 전업투자에서의 실패는 곧잘 자살로 이어져 인생이 거래
정지되는 상황까지 만들 수 있다.

이렇듯 주식시장은 한 명을 위해 아흔아홉 명이 죽어줘야만 하는 원리로 되어 있어 준비과정도 없이 수익률이라는 이름표만 달고 뛰어들어서는 결코 성공할 수 없다. 적어도 손해를 보지 않기 위해서는 자신만의 투자방식이 있어야 한다. 자신만의 원칙은 자신의 계좌와 생명선을 지켜주는 최소한의 마지노선이라고 생각해도 무방할 것이다.

미국의 전설적인 기술 분석가인 그랜빌은 자신이 만든 주가와 이동평균선의 움직임을 통해 유명해진 인물이다. 하지만 변화무쌍한 주식시장은 그가 벌어들인 돈뿐만 아니라 기존에 가지고 있던 재산까지 잃게 만들었다.

그리고 엘리어트 파동이론의 창시자 엘리어트 역시 별반 다를 것이 없었다. 주가는 상승 5파와 하락 3파에 의해 끝없이 순환된다는 엘리어트 파동이론을 만든 사람 역시 허무하게 사라져버렸다. 주식시장은 어느 누구 한 사람의 이론만 가지고 돈을 주워담을 수 있는 곳이 아니다.

유사한 상황은 일어날 수 있지만 똑같은 상황은 되풀이되지 않는 곳이 주식시장이다. 따라서 이론을 고집하기보다는 상장되어 있는 1,500개 종목의 움직임을 관찰하고, 경우의 수를 파악하는 경험을 쌓는 일이 무엇보다 중요하다. 경험을 통해 만들어진 자신만의 투자지표보다 정확한 지침서는 존재하지 않는다.

　자신만의 투자방식을 만들기 위해서는 보통 3~5년이라는 시간
이 필요하다. 물론 개인차가 있기 때문에, 더러 10년이라는 세월
이 흘러도 득도하지 못하는 투자자도 있다. 똑같은 시련을 겪는다
해도 스스로 어떻게 편집, 대응해나가느냐에 따라 시간과의 전쟁
에서 승자가 결정된다.

　피눈물나는 투자방식의 자기화 과정을 거친 뒤 주식시장을 바
라보면, 누가 입 속에 사탕을 넣어줘도 끄떡하지 않을 배짱과 절
개가 생겨나게 된다. 이 정도만 되도 반은 성공한 것이다. 철저한
투자방식의 확립은 종목 선택의 기준으로 이어지고, 자연스럽게
부실주 대응방안도 생기기 때문이다.

손실금에 대한 미련은 더 큰 악몽을 불러온다

　나 역시 그랬듯, 주식 초보일수록 소가 뒷걸음치다가 쥐를 잡는
일을 자주 겪게 된다. 그렇게 1천만 원을 투자해 금방 10퍼센트의
수익을 거두고 나면, 5천만 원을 투자하고픈 욕구를 느끼기 마련
이다. 바로 거기에 함정이 있는 줄도 모르고 덤벼들다가 낭패를

보는 경우가 다반사다. 적어도 주식에 대해 아무것도 모르는 초보자들이 빚까지 내서 투자하려는 생각은 하지 않는다. 고기도 먹어본 놈이 맛을 안다고, 쉽게 작은 수익이라도 맛본 사람들이 '될 것'이라는 희망으로 무모한 도전을 할 뿐이다.

그렇게 마이너스 액수가 점점 커지는 상황에서도, '한 방'만 터져주면 모든 손실을 만회할 수 있다는 생각으로 부채를 지기 시작한다. 자신이 감당할 수 있는 선의 빚이면 그나마 다행일 텐데, 친구나 가족 등 주변 사람들에게 부담을 줘서 좋은 관계마저도 소원하게 만들어버린다. 한 발 더 나아가 사채까지 끌어들여서 정상적인 생활을 할 수 없는 지경에 이르렀다는 얘기를 접할 때면, 정말이지 주식 근처에도 얼씬거리지 말라고 말하고 싶다.

주식은 시간과의 싸움이다. 여유자금을 가지고 투자를 해도 조급함을 느끼기 마련인데, 남의 돈을 빌려 투자를 한다면 그 조급함은 몇 배가 될 것이다. 신용대출을 받았다면 날짜에 맞추어 결제를 해야 하고, 개인을 통한 금융거래라면 이자에 대한 압박 때문에 주식을 냉정히 볼 수 없다. 손실이 크면 클수록 잦은 단타와 미수, 몰빵이 생활화되기 쉽다. 결국은 뱀이 자기 꼬리를 먹어 들어가듯이 파국으로 치닫는 상황을 맞게 되는 것이다.

전문가 방송을 할 때 가장 많이 받는 상담내용 중의 하나가 투자금액의 출처였다. 대출이든 친구에게 빌린 돈이든 자신의 여유자금이 아닌 돈으로 투자를 하는 사람들의 고민은 한결같았다. '하루라도 빨리 수익을 내서 돈을 갚아야' 한다는 것이다. 어딘지 모르게 쫓겨다닌다는 인상을 지울 수 없다. 이런 사람들의 공통점은 손실이 나면 자신이 잘못된 선택을 한 것을 인정하지 않고, 종목과 시장 탓으로 돌린다는 것이다.

하루는 한 투자자가 나를 찾아왔다. 그동안 나의 매매기법을 익혀왔는데 이 시장에서 유일하게 살아남을 수 있는 방법이고 지금껏 잘 따라해 수익도 많이 올렸다는 거였다. 앞으로도 열심히 해보겠다는 의지를 보였는데, 나는 그 투자자에게 '살아남기 위해서는 지금처럼 수익구조로 연결된 원칙'을 잊지 말라고 신신당부했다. 그러나 그 투자자도 나의 아침 시초가 매매 성공률을 맹신한 나머지, 실패한 종목에 과다물량을 매수하는 실수를 저질러버렸다. 이런 상황이 오면 대부분의 투자자들은 손실액 복구를 위해 조급한 마음을 먹게 된다. 더 깊은 늪으로 빠지는 줄 모르고 계속해서 악수를 두게 되는 것이다.

대다수 투자자들이 성공하지 못하는 가장 큰 이유는 '실패한다'는 사실을 염두에 두지 않기 때문이다. 허공에 백 번 동전을 던진다고 생각해보자. 항상 앞면만 나오라는 보장이 어디 있겠는가?

어째서 많은 사람들이 실패라는 동전의 뒷면이 나올 수 있다는 사실을 간과하고 있는지 답답할 따름이다. 성공한 많은 사람들의 인생역전 스토리를 봐도 실패 없는 성공은 없다. 끊임없이 작은 실패를 거듭한 끝에 큰 성공을 이룬 것이다.

주식투자 실패담은 동일한 골격을 가지고 있다

수익을 내기 위해 주식시장에 뛰어들었는데도 불구하고 수익구조를 형성하지 못했다는 것은, '한국 남자들은 여가시간의 절반은 술을 마시는 데 사용하고, 나머지 절반은 술을 깨는 데 사용한다'는 말과 비슷한 얘기다. 주식시장은 '저점매수, 고점매도'만 지키면 수익이 나는 매우 단순한 구조로 되어 있다. 그럼에도 불구하고 '돈을 버는 것보다 잃는 것이 쉬운 곳'이 바로 주식시장이다. 주식투자 급수를 5단계로 나누어보는 유머를 빌리면, 원금을 잃어버리는 투자자는 '하수', 원금만 잘 유지해도 '중수'라 할 수 있다. 그리고 원금에서 수익이 나기 시작하는 단계부터는 고수, 달인, 주신, 이런 명칭들로 표현한다. 여기서 문제가 되는 투자자가 바로 하수다.

이런 초보자들은 자신의 계좌 보유 종목이 시장에 널려 있는 가

판대 위의 물건만큼이나 많다. 1천만 원의 투자 원금으로 20종목을 넘게 보유한 투자자도 보았다. 하지만 보유 종목이 많다는 것은, 자신만의 투자원칙이 없다는 의미가 된다.

특히 주식을 한 기간이 짧은 사람일수록 다량의 종목을 보유하는 특징을 보이는데, 행여 놓칠까 싶어 오르는 종목마다 10주라도 사놓고 보는 속성 때문이다. 상승하는 종목은 다 매수해야 하니, 어지간한 펀드매니저보다 정신없는 시간을 보내게 된다. 그러다 결국 자신의 계좌에 어떤 종목이 상주하고 있는지조차 기억나지 않는 상황에 처하게 된다. 집중력이 떨어져 계좌 관리가 전혀 안 되는 것이다.

뿐만 아니라 사람의 마음만큼이나 실시간으로 변하는 차트를 보며 숱한 고민에 빠진다. 그렇게 심사숙고해 매수한 종목이니만큼, 분명 수익과 직결되리라 생각한다. 하지만 내가 산 것을 어떻게 알았는지 사고 나면 떨어지고, 팔면 올라가는 주식을 보며 벙어리 냉가슴을 앓게 된다. '자라 보고 놀란 가슴 솥뚜껑 보고 놀란다'고 이런 상황을 몇 번 경험하고 나면 주식 매매에 겁을 먹게 된다. 반복된 실수를 하지 않겠다는 일념하에 그렇게 머뭇거리는 사이, 어느새 주가는 천장을 뚫고 올라가버린다. 대부분의 실패한 투자자들은, '이익실현은 작게, 손실은 크게'라는 웃지 못할 공통점을 가지고 있다.

'핑계 없는 무덤 없다'고 잘못된 매매습관이나 주식시장의 원리를 깨우치지 못한 자신을 탓하기보다는, '노조파업이 꼬리를 물어서'라는 등 '갑자기 부동산이 폭등했다'는 등 끝도 없는 변명거리를 늘어놓기 일쑤다.

주식시장에 발을 담근 사람이라면 누구나 주식과 관련된 서적을 최소 한 번 이상은 들여다보았을 것이다. 책 한 권 읽지 않고 시장에 뛰어드는 무모한 투자자는 없단 얘기다. 이를 다시 말하면, 주식을 하는 사람이라면 주식시장의 투자원칙을 모두 꿰뚫고 있다는 의미가 되겠다. 그럼에도 불구하고 여전히 하수와 초보자로 불리는 것은, 주식시장에서 가장 뛰어넘기 힘들다고 여기는 이론과 실천의 간극, 그 벽 때문이 아닌가 한다.

초보자에게 전하는 추천곡, '주식은 아무나 하나'

전문가 방송을 하면서 참으로 많은 투자자를 만났다. 답답한 심정을 토로하러 먼 지방에서 한걸음에 달려온 투자자도 있었고, 우리와 밤낮이 다른 미국의 투자자로부터 상담전화를 받은 기억도 있다. 그런데 신기한 일은 성공스토리는 천차만별이지만, 실패담은 대부분 비슷한 이야기 구조를 띠고 있다는 것이다. 우리가 흔히 알고 있는 몇 가지 선을 지키지 못해 실패를 경험하는 셈이다.

주식투자의 격언 중 '주식은 소문에 사서 뉴스에 팔라'는 말이 있다. 많은 이들이 귀담아 듣지 않지만, 특히 초보자들에게 매우 중요한 이야기다. 아무리 남의 말을 듣지 않는 사람일지라도 루머 앞에서 자유로울 수는 없다. 정보의 불균형이라는 증시 속성상 루머는 끊임없이 되풀이되기 때문이다.

주식시장의 루머는, 루머로서 그 가치를 톡톡히 하고 있는 것이 사실이다. 특히 세력들은 사채시장에 루머를 직접 뿌린다. 투자자의 관심을 끌기 위한 유인책인 셈인데, 거기에 말려든 사람들이 '소문에 먼저 잡아, 선취매를 감행'해 골병이 드는 것이다. 주식을 하는 투자자라면 누구나 한 번쯤은 들어 경험하게 되는 일이다.

소문을 따라간다는 것은 곧, 한방에 승부를 보려는 것과 같다. '대박? 그렇게 한방을 노리면, 인생도 한방에 가는 거야! 그걸 왜 몰라?'라며 투자자들에게 손가락질하던 사람들도, 막상 주식시장에 입문하고 나면 대박비관론자에서 낙관론자로 바뀌어 버린다.

투자자 A씨. 그도 누군가로부터 놀부네 제비가 박씨를 물고 온다는 소문을 들었다. '보물선을 발견한, 삼애인더스를 무조건 잡아라!' 라는 얘기를 들은 것이다. 게다가 그 정보가 날아가는 새도 떨어뜨린다는 청와대 경호실에서 나온 것이라고 하니, A는 앞뒤 잴 것 없이 자금을 끌어들였다.

나는 그런 A씨의 행동이 순수한 마음 때문이라고 말하고 싶다. 자신이 남에게 피해를 줄 거짓말을 하지 않으니, 다른 사람도 자신에게 그런 짓을 할 리 없다고 믿는 것이다. 물론 잔혹한 현실은 이러한 믿음을 산산조각내고 말았다.

우리나라는 삼면이 바다로 둘러싸여 있는 지리적 특성 때문인지, 구전으로 내려오는 보물선에 대한 이야기가 많다. 그런데 이 전설 같은 이야기들이 하나둘 구체화되면서 2000년경, 주식시장 자체가 보물선 열기로 후끈 달아올랐다. 보물선 관련주들은 보물선 인양을 검토한다는 발표만으로도 연속 상한가를 쳤다. 일확천금을 기대하는 개인투자자들의 무서운 저력 때문이었다. 물론 이로 인해 수많은 루머들이 확대 재생산되기도 했다.

당시 삼애인더스는 조그만 섬유회사였다. 그런데 삼애인더스가 2차 세계대전 때 일본군이 패망하면서 해저에 묻어두었다는 보물동굴 이야기를 들고 나오면서 2,000원 남짓하던 주가가 1만 7,600원까지 껑충 뛰어올랐다.

주식이라는 것이 꿈을 먹고 사는 일이다보니 많은 사람들이 보물선에 무궁무진한 꿈을 퍼담은 것이다. A도 이 열기에 동참했다. 이런 종목을 놓친다는 것은 인생에 세 번 온다는 기회 중 하나를 놓치는 것이란 생각에 1만 5,000원대 주가부터 사기 시작했다. 그런데 사기 시작한 다음날부터 주가가 바닥으로 떨어지기 시작한 것이다.

그러나 주가가 빠질 때마다 그는 또 하나의 기회라며 즐거워했다. 싸게 매입할 수 있는 절호의 기회라며 1만 5,000에서 1만 원대까지 추가매입을 해서 1만 주를 보물선 안에 고이 담아두었다. 그런데 주가는 더 추락하기 시작했다. 물타기를 하고 싶어도 이제 자금이 없는 신세가 된 것이다.

주식시장은 냉정했다. 삼애인더스는 상장폐지라는 사형선고와 함께 애들 껌값으로밖에 볼 수 없는, 200원이라는 숫자놀음의 장으로 탈바꿈해버린 것이다. 1만 5,000원을 시작으로 평균 매수단가를 1만 2,000원에 맞춰두었지만, 200원으로의 신분하락에는 그리 긴 시간이 필요하지 않았다.

단돈 20만 원이라도 찾아가라는 증권사의 통지서마저 자신에게 냉소를 보내는 듯했다는 A씨의 고백.

나는 지금껏 단 한 번도 주식시장이 거저 먹기 식의 황금알을 낳는 거위라고 말한 적이 없다. 하지만 피눈물을 흘리며 주식의 진리를 터득한 사람에게는 노다지가 나올 수 있는 기회의 땅임은 분명하다.

초보에서 고수로 넘어가는 언덕을 점령하라

주식용어 중에 랜덤워크Random Walk란 말이 있다. 쉽게 말하자면 주가는 제멋대로 움직이기 때문에 절대 예측할 수 없다는 의미 정도가 되겠다.

수없이 많은 이론체계가 주식시장을 덮고 있지만, 주식시장은 유사한 답안은 줄지언정 절대로 똑같은 답안은 인정이 안 되는 곳이다. 주식에는 같은 일이 일어나는 랜덤워크는 없다. 처음 주식에 발을 담근 투자자들은 대부분 책 속에 돈다발이라도 숨어 있는 것처럼 밤을 새워가며 공부를 한다. 그런데 무슨 일인지 주식시장은 책에서 본 내용과 조금씩 다르게 움직인다. 원칙과 공식을 달달 외워 시험장에 나왔더니 기출문제 대신 응용문제를 풀라는 식이다. 이렇듯 원리 원칙과 동떨어져 움직이는 것이 바로 주식시장이다. 백수아지매가 제안하는 투자전략은 딱 세 가지다.

첫 번째는 지나치지 않은 욕심이다. 주식시장에서 성공하는 길은 너무나 단순하다. 바로 대박 환상만 버리면 누구나 주식시장에서 대박이 터질 수 있다는 거다. 그러나 이것은 말만 쉬울 뿐이지 자신이 산 주식이 깃발을 흔들며 하늘 높은 줄 모르고 치솟아 올라갈 때는 주식투자의 경험이 부족한 초보자 대부분은 끝없이 간다는 환상에 빠져들어가는 것은 당연하다.

왜냐하면 초보자이므로 아직 여러 가지를 주식시장에서 경험하지 못했기에 그렇다. 하지만 더러는 알고 있으면서도 똑같은 욕심을 되풀이해서, 결국에는 자신이 매수한 가격보다도 못한 경우에 팔고 나오는 억울한 경험을 하는 투자자도 흔히 본다. 투자자 자신이 얼마나 우매한가를 반드시 반성해야 한다.

주식이라는 것은 생각지도 않은 단순한 내성을 지니고 있어서 오르면 반드시 내리고 내리면 또 다시 오르는 습성이 있으므로 자신이 가지고 있는 인간심리의 나약함을 빨리 버려야 한다. 누구도 극복하기 힘든 집착과 탐욕을 뿌리칠 때만이 가능성 있는 투자전략의 한 단계를 올라서게 될 수 있는 것이다.

그런 욕심의 단계를 벗어나게 되면 조급증도 사라져 주식시장이 두렵지 않게 된다. 그리고 누구나 골든크로스에 사서 데드크로스에 팔려는 욕심이 사라지고 자신이 정확히 판단한 매수 매도가 자연스럽게 이루어지면, 그것은 결국 자신은 남과 달리 성공할 수 있다는 희망이 보이는 징조로 여겨도 괜찮다.

두 번째는 주식시장에 대한 학습능력이다. 아무리 욕심을 버리고 눈에 보이지 않는 현상을 잘 지킨다고 하더라도 정작 갖추고 있어야 할 실력이 없다면 높은 수익구조를 만들어갈 수가 없다. 그래서 항상 주식공부를 게을리하면 안 된다는 것이다. 반드시 그날 학습한 종목을 분석하고 반성하는 시간을 가져야 한다.

또한 시세의 길잡이 역할을 하는 차트지만, 항상 똑같은 상황이 일어나지 않는다는 것을 염두에 두고서 만들어질 차트를 미리 머릿속에 그릴 줄 알아야 한다. 가령 적삼병이 나타났다고 모두 황금주가 될 수 없음을 빨리 알아차리는 매매법을 발견하기 위해서는 경험에 의한 내공이 쌓이는 실전 감각을 익히는 것이 무엇보다도 중요하다.

그리고 장대 양봉도 바로 장대 음봉으로 변할 수 있다는 변화의 기술을 익히고 있어야 한다. 이것을 익힘으로써 자기만의 매매기법을 확실히 정립할 수 있는 계기가 만들어지고 초보수준을 벗어나 고수로 갈 수 있는 동물적 감각이 생겨나서 스캘핑 투자, 데이트레이딩, 스윙 모두를 할 수 있는 전천후 주식 달인의 발판이 만들어지게 된다.

주식의 기본인 주가의 차트는 이평선 위에 있는 캔들 모양에 따라 움직인다. 그러므로 매일 매일 만들어지는 주가의 캔들 모양을 예의 주시해야 하는데, 주식시장이 열리는 오전 9시부터 주식시장이 끝나는 오후 3시까지 자신의 관심분야에 있는 한 종목을 선택해서 차트가 만들어지는 과정을 유심히 살펴보면 더 빨리 주가의 차트를 이해할 수 있게 된다.

주식은 한 가지 기법만으로 성공할 수 있는 게임이 아니다. 스켈핑 한 가지 방법으로 모든 수익구조를 형성할 수 없고 그렇다고 스윙 한 가지만으로 주식시장의 돈을 다 끌어들이지는 못한다.

먼저 차트 속의 비밀을 파헤치고 나면 상황에 따라서 강세장에서는 추세를 따라가는 스윙을 할 줄 알게 되고 약세장에서는 살짝 발을 담갔다가 치고 빠지는 전략인 스켈핑과 데이트레이딩을 같이 할 줄 알게 되는 지혜가 생겨난다.

차트 속의 비밀을 알기 위해서 실전 경험을 하다보면 손실을 보기도 한다. 그러나 수업료를 지불하지 않고 학습능력의 다음 단계로 올라서는 일은 그리 흔치 않다. 우리가 잘 아는 주식투자의 대가들도 수없이 많은 실수와 실패를 거듭한 것을 보더라도 특히나 주식시장에서는 반드시 수업료를 톡톡히 치러야만 가능성이 더 많이 열려진다. 왜 그런가 하면 손실을 봤을 때나 이익이 났을 때나 그 상황을 예사롭게 넘기려 하지 않는 인간의 심리 때문에 그것이 또 한 걸음의 진전을 가져오는 것이다.

수익이 났을 때는 다음 기회에 더 많은 수익을 기대하기 위해서 한 번 더 복귀해보고 손실이 났을 때는 다음에 똑같은 실수를 되풀이하지 않기 위해 이유를 따져 분석하게 된다.

그런데 익히 알고 있는 원칙이라고 실행하지 않으면 인간 심리의 나약함을 극복하는 데는 더 많은 시간을 소비해야 하는 우를 범하게 된다.

투자자의 심리적 여유가 수익으로 연결된다

이런 실전감각을 키울 때는 초기 연습투자 금액을 절대로 과다하게 투입해서는 안 된다. 정말로 최소한의 금액으로 주식시장에 수업료를 지불한다는 마음가짐으로 해야지 한 번의 수익과 또 한 번의 손실에 지나치게 연연하면 절대로 길고 크게 가기가 어렵다.

이런 일련의 과정이 자신만의 노하우로 쌓이고 변화되다보면 어느새 거듭된 실전경험 속에서, 만들어진 차트를 보는 것이 아니라 만들어가는 차트를 보는 법을 터득하게 된다. 그리고는 드디어 신의 영역이라 불리는 매수와 매도영역이 느낌으로 자신의 온몸을 감싸 안아주는 기운을 느끼게 된다.

그렇게 되면 기다리다 놓치지도 않고 초조해하다가 손해도 보지 않는다. 잘 이해되지 않는 부분은 절대 건드리지 않아 황금을 준다는 악마의 속삭임에도 빠져들지 않는 고수대열에 안착해 있음을 느끼게 된다.

세 번째 백수아지매의 투자전략은, 첫 번째 욕심을 버리는 경지와 두 번째 학습능력에 의한 기술습득 경지와 함께 마지막으로 자신의 동물적 감각을 발달 조화시키는 일이다. 동물적인 감각은 누가 더 주식시장을 많이 보느냐에 따라 순차적으로 길러지는 것이기에 무조건 주식시장을 많이 읽으라고 말하고 싶다. 주식시장은 하루라도 더 먼저 본 투자자가 유리하다고 해도 지나치지 않다. 그만큼 주식은 실전 머니 게임이므로 실전에 강해야 한다. 손으로 눈으로 직접 보고 만져봐야 한다는 거다.

한번은 뜻밖의 얘기를 들었다. 방송을 진행할 때 의외로 나이가 칠순에 가까운 사람들이 있었는데, 방송이 끝나면 전화로 상담을 많이 했다. 그런데 놀라운 사실은 그분들이 주가 차트는 전혀 읽을 줄 모르는데 수익이 난다는 거였다. 바로 감각매매를 했던 것이다. 물론 하루아침에 된 것은 아니겠지만 주식시장을 지켜보면서 터득한 노하우라고 해도 손색이 없을 정도였다. 혹자는 주식은 과학이라고 하는데 무슨 그런 엉터리 말이 있겠느냐고 하겠지만 주식은 분명 과학과 예술이 어우러진 종합예술이라고 보는 것이 이분들의 사례를 이해하는데 도움이 될 것 같다.

이상 세 가지가 잘 어우러지면 주식을 바라보는 관점이 달라진다. 여유가 생겨나게 된다는 것인데, 그 여유는 주식시장에서 곧 수익과 직결된다고 해도 틀린 말은 아니며, 이제부터는 즐기면서 하는 투자가 된다.

이 경지에 오른 투자자는 급등주가 상한가를 칠 때 사지 못해 안타까워하는 것이 아니라 눌림목을 준 후 다시 시작할 줄 알고 기다리는 전략을 세우는 능력이 생겨나게 된다. 그리고 급등주를 만들기 위해 거래량을 줄이며 물량을 매집하는 흔적을 찾을 수 있다. 이런 흔적을 미리 못 찾았다고 하더라도 바닥에서 거래량을 터트리며 첫 상한가를 만드는 종목을 겁 없이 잡을 수 있는 감각도 생겨나게 된다. 이렇게 하다보면 설령 꼭지에서 매수를 했다 하더라도 빠져나올 자리를 찾을 줄 아는 지혜도 터득하게 된다.

누구는 속되게 표현해서 주식시장에서는 돈을 따는 사람이 고수라고 하는데 물론 이것이 틀린 말은 아니다. 수익을 낼 수 있다는 것은 결국 투자자가 자신의 성향을 잘 알고 투자에 임했다는 뜻이기 때문이다. 언제든지 누구에게나 기회가 올 수 있는 것이 주식시장의 특성임을 감안할 때, 투자금액만 준비되어 있으면 또

다시 도전은 가능하니, 현재의 장세에서 수익을 내지 못했다고 절대로 조급해할 필요가 없다.

그런데도 남과 비교해서 자신만 뭔가 누리지 못하는 부류에 속한다는 자책감에 빠져들어간다면, 그건 심리전에서 지는 것이다. 주식시장에서는 영원한 승자도 영원한 패자도 있을 수 없다고 하지만 자신이 어떻게 하느냐에 따라 영원한 패자가 될 수도 있다.

가령 30퍼센트 정도의 손실이 발생하더라도 남아 있는 70퍼센트 자금이 손실 본 자금보다 많은데, 오로지 잃어버린 자금에만 집착해서 무리한 투자를 하다보면 이때부터 문제가 시작된다. 게다가 투자금액의 출처마저 여유자금이 아니라 무리하게 끌어 쓴 것이라면 자신도 모르게 주식 중독증에 걸려들어 안타까운 현실 앞에 무릎을 꿇어야 한다.

주식은 여유를 가지고 즐기면서 해야 한다는 정답을 알고 있으면서도, 결국 자신의 실수를 인정하지 못해 주식투자에는 왕도가 없다는 하소연만 하게 되는 것이다.

주식시장에서는 강한 자가 살아남는 것이 아니라 살아남은 자가 강한 것이다. 우리가 잘 아는 주식투자의 대가들도 수없이 많은 실수와 실패를 거듭했다. 세상 대부분의 일이 그렇겠지만, 특히 주식은 반드시 톡톡한 수업료를 치러야만 더 큰 열매를 맛볼 수 있다.

다시 강조하거니와, 실전 감각을 키울 때 주의할 것이 초기 투자 금액이다. 되도록 최소한의 금액으로 시작해 주식시장에 수업료를 지불한다는 마음가짐을 갖는 일이 필요하다. 초보자가 큰 금액으로 시작하면 수익과 손실에 지나치게 연연해서 제대로 된 주식을 할 수 없는 것이다. 투자금액은 낮추고, 투자감각은 살리는 연습매매에 빠져보자.

02

골드 칩은 반드시
냄새를 풍기면서 오더라

나만의 기법을 지녀라

주식시장에는 주식종목 수만큼이나 다양한 기법들이 존재한다. 주식투자 고수들이 하는 시초가 매매, 상한가 따라잡기, 하한가 따라잡기를 비롯해서 차트를 보고 거래량이 없는 나 홀로 주식을 하는 매매법, 공시 따라가기, 3퍼센트 수익만 나와도 끊는 방법, 1퍼센트의 과감한 손절 방법 등 셀 수 없이 많은 기법들이 존재한다. 주식시장에서 훌륭한 기법이란, 수익이 잘나는 기법이다. 잘 나가는 경제학 박사가 만들어놓은 투자의 정석이 아니라는 말이다. 따라서 누구나 다 아는 기법은 쓸모가 없지만, 자신이 만든 투자비법이 수익구조를 창출하는 데 성공했다면 그 또한 투자기법의 하나로 떳떳하게 명명할 수 있다.

내가 그렇게 자신하는 시초가 매매도 주식을 시작하고 5년이라는 세월이 지나서야 겁 없이 달려들게 되었고, 상한가 매매도 6년이 지나서야 따라할 수 있게 되었다. 이렇게 되기까지는 시간도 많이 필요했지만 주식시장에 쏟아부은 수업료도 상당했다.

처음에는 멋모르고 따라하다 손실만 키웠지만, 매매일지를 통해 그날의 매매복기와 실패이유, 중요사항을 적어두는 것을 게을리하지 않았다. 그렇게 차곡차곡 매매일지를 쓰다보니 아무리 변수가 많은 주식시장일지라도 여러 경우의 수에서 크게 벗어나지 않음을 알아냈다.

가령 예전에 상한가 따라잡기를 할 때는 무조건 매수키를 눌렀지만, 상한가에도 강한 상한가 종목, 약한 상한가 종목 그리고 속임수 상한가 종목도 있다는 사실을 알게 된 것이다. 강한 상한가 종목은 반드시 오전 장 9시 30분 이전에 상한가를 만들어야 하고, 이평선들이 정배열의 모습을 갖추고 있어야 한다.

사실 이미 만들어진 정배열 상태의 이평선들은 쉽게 이해할 수 있지만, 이제 막 만들기 시작한 이평선들은 차트 공부를 열심히 한 투자자들에게만 보인다. 이것이 바로 수익률의 차이를 가져온다.

물론 누군가 만들어놓은 기법을 잘 사용하고 있다면, 그것 역시 좋은 투자방법이다. 하지만 시장은 항상 변하므로 자신의 체형에 맞는 투자방법을 찾는 일 또한 게을리해서는 안 된다. 특히 주식 투자자에게 중요한 것은 '자신이 정말 주식투자를 좋아하는지' 스스로에게 물어보는 일이다. 주식 또한 적성에 맞아야 성공한다. 주식투자하는 일을 즐겁고 행복하게 느끼는 사람은, 설령 결과가 나쁘다 하더라도 그 과정을 통해 큰 고통 없이 자신만의 기법을 만들 수 있기 때문이다.

돈을 묻기 전에 수급 날씨부터 파악하라

전문가 방송을 시작한 다음, 아침은 굶는 것이 기본이 되었다. 식사 때가 되었음에도 불구하고 갑자기 수급이 붙어오는 종목을 보는 날에는 점심식사마저도 내팽개쳤다. 그러다보니 우리 집 밥 장군 두 녀석에게 나는 엄마이기 이전에 '바쁘신 형님'이 되어 있었다. 두 녀석은 학교급식이 하루 중 가장 화려한 만찬이라 여기면서 살았다. 천만다행으로 학교 급식이 급식비가 아깝지 않을 정도로 잘 나와서 나는 안도할 수 있었고, 남편과의 주말부부 생활도 방송생활에 큰 도움을 주었다.

나는 투자자들에게 올바른 가이드를 하는 것이 내게 가장 중요한 일이라 여기며 다른 것에는 눈길도 주지 않았다. 주식에는 왕도가 없으므로 주식과 방송 회원들을 위해 최선을 다했다. 일반적으로 9시에 주식시장이 개장한다고 생각하지만, 나는 8시부터 동시호가창이 뜨는 8시 10분을 숨죽이며 기다리고 있었다.

시초가 매매의 특성상 아무리 늦어도 9시 20분까지는 매수 후 매도가 끝나야 하기 때문이다. 더러 강한 종목은 시가 자체가 상한가로 형성되기도 하고, 그도 아니면 9시 5분쯤 상한가를 만드는 종목이 많기에 아무리 화장실이 급해도 이 시간만큼은 움직일 수가 없었다. 마치 적지를 향한 공격 타이밍을 기다리는 비장의 용사처럼 말이다.

시초가 매매를 하기 위해서는 이런 준비와 함께 '끼가 많은 종목' 군들과 특징주, 시장의 테마군들을 분류하는 작업을 해서 관심창에 띄워놓아야 한다. 그리고 관심창에 올려진 종목군들에서 대장 역할을 하는 종목을 눈여겨봐야 한다. 가장 강한 종목만을 선택해야 하므로 대장주 외에 후발주는 제외시키는 것이 좋다.

그런 다음에는 아침 9시, 주식시장의 문이 열리자마자 호가창에서 수급이 형성된 종목을 빨리 찾아내야 한다. 그런데 수급이 형성된 종목을 빨리 찾는 것은 그리 쉬운 일이 아니다. 요즘은 증권사 프로그램이 잘 되어 있어서 세팅만 잘 해두면 큰 문제는 아니지만 그래도 나름의 노하우가 필요한 것이다. 수급이 형성되는 종목을 찾는 일은, 어느 정도 시장에 수업료를 지불해야 느낄 수 있는 동물적 감각이 필요한 일이라 할 수 있다.

나와 주식 경력이 비슷했던 K씨는 수급이 활발한 종목을 찾는 데는 누구보다 월등히 뛰어난 능력을 보였다. 기다리거나 지체되는 상황을 견디지 못하는 성격상, 무조건 호가창들이 활발하게 움직이는 종목만 매매한 것이다.

그는 차트도 보지 않고 호가창의 움직임을 간파, 호가창의 속도가 빨라지면 여지없이 매수에 들어갔고, 호가에서 다섯 내지는 여섯 호가 위로 움직이면 바로 매도키를 눌러버렸다. 차트도 보지 않았지만 지나고보면 그 자리가 바로 매도 자리인 세컨드 탑과 일치할 때가 많았다. 다년간 길들여진 감각기술로 여겨진다.

그렇게 K씨는 하루 3~4퍼센트는 쉽게 수익을 챙겼다. 하루 3퍼센트면 한 달 주식 거래일인 20일을 기준으로 했을 때, 60퍼센트라는 계산이 나온다. 가령 원금 1천만 원으로 한 달에 60퍼센트 수익을 올린다면 600만 원이 되는 것이다. 절대로 1~2퍼센트의 수익을 가볍게 여겨서는 안 될 것이다.

호가창과 통하였느냐?

주식시장에서 수급만 잘 볼 줄 알아도 단기 트레이더들은 고수익을 얻을 수 있다. 특히 주인이 관리하는 종목들은, 호가 강도가 세다보니 움직이는 속도가 빠르며 일분봉의 차트가 무너지기 직전 호가에 물량을 받쳐주는 일명 '관리되는 모습'을 보인다. 상한가를 보낼 때도 시간을 맞추는데 아침 9시 30분에 감아올리는 경우도 있고 10시 30분 또는 11시 오전 장에 상한가를 만들고 문을 닫아버리기도 한다. 하지만 오후 장인 1시 30분이나 2시 30분에 상한가를 보내려는 종목은 매도창에 많은 물량을 쌓아 일명 '누르기'를 한다. 그런 다음 시간이 가까워지면 쌓아둔 매도창의 물량을 수급을 형성시켜 상한가로 만드는 것이다.

그런데 주식시장에는 사기꾼 또한 많아서 속임수 수급이나 흔들기 수급도 있어 단순히 수급 하나로 종목을 판단하기에는 어려움이 있다. 따라서 수급이 형성되는 여러 종목의 호가창을 먼저 익혀두는 것이 좋다.

차트보다 수급이 실린 호가창을 많이 보면 굳이 차트로 확인하지 않아도 매매의 방향성을 잡을 수 있다. 바로 이것이 감각매매법이다. 재료와 실적보다 우선하는 것이 수급이므로 특히 하락장에서 더욱 큰 힘을 발휘한다.

주식시장이 열리는 오전 9시에는 데이트레이더들에게 비상경계령이 내려진다. 바지주름 잡고 치마끈 동여맨 전국에 내로라하는 주식투자가들이 모여 분초를 다투는 수익률 게임이 시작되기 때문이다. 여기에는 코흘리개 수준의 차트를 무기로 들고 나서는 전업투자자와 자신이 분석한 재무구조나 가치성을 시험해보기 위해 몰려드는 구경꾼 그리고 개미들을 교란시킬 수많은 정보들을 뿌리는 세력까지 몰려들어온다. 이러다보니 투자 패턴도 각양각색이다. 특히 속된말로 '상따 전문반' 매매법인 상한가 따라잡기 방법은 투자방법 중 가장 위험한 방법이면서도 용감하면 고수익을 줄 수 있다.

장 시작과 동시에 7~8퍼센트 상승한 시초가로 시작되어 상한가로 직행하는 종목들을 평범한 투자자는 눈으로 보지만, 상따 전문반 형님들은 상한가 깃발을 꽂는 날렵함으로 보여준다. 다른 한편에서는 계좌에 단돈 100만 원만 심어놓고 낙타가 바늘구멍 통과

하는 것보다 어려운 저점매수를 하겠다고 버티고 있는 아우들도 있다.

내 방송을 들었던 회원 중에 상따 전문반 형님이 있었다. 일흔이 넘었지만 갓 오십을 넘은 나이로 착각할 만큼 젊은 분이었다. 외모만 젊은 것이 아니라 넘치는 패기와 용기로 상한가를 치지 않는 종목은 쳐다보지도 않았다. 증권사 프로그램 중에서 상한가 갈 종목이나 상한가 근처의 강한 종목군들을 알려주는 프로그램을 세팅해두고, 수시로 상한가 갈 종목만을 집중적으로 찾았다. 그렇게 강하게 상한가 들어가는 신호가 울리는 종목이라고 판단되면 곧바로 매수했고, 그 다음에는 오후 장이 끝날 때까지 상한가가 풀리는지만 관찰했다. 만약에 상한가를 자주 풀었다 감았다 하면 게눈 감추듯 매도버튼을 누르고, 그렇지 않은 경우는 다음날 아침 시초가에 미련 없이 매도했다. 그렇게 해서 매일 수익을 내는 폭이 상당히 컸다. 적어도 3~7퍼센트까지, 더러 재수가 좋을 때는 연상을 보기도 했다.

이렇듯 주식은 능력보다 소질에 따라 승패가 좌우된다. 주식은 머리로 하는 것이 아니라 '마인드 컨트롤'이 그 승패를 가르기 때문에, IQ가 아닌 EQ가 높아야 빠른 성공을 볼 수 있다. 실제로 주식시장에 EQ가 높은 고수는 많지만 IQ가 높은 투자자를 찾아보기 힘든 이유가 바로 여기에 있다. 물론 전략적 투자로 고수익을 본 투자자들도 많다. 하지만 그것은 짧은 시간과 적은 자금력으로 이뤄낸 성과가 아니다.

사실 투자자에게 뭔가 알려줄 때는 '정석대로 투자하는 진정한 투자자의 길'을 안내해야 하지만 나는 그보다 1초라도 빨리 수익률을 높이는 '승리하는 투자자의 길'을 알려주는 쪽에 무게를 싣는 편이다. 물론 가치투자를 지향하는 투자의 정석을 밟는 것이 나쁘다는 것이 아니라, 그것은 현실적으로 시장이 요구하는 그리고 투자자가 원하는 투자방법이 아니라고 생각하기 때문이다. 정석투자를 하라는 건 단돈 100만 원으로 몇 천억을 가진 외국인, 기관과 맞서 진정한 투자를 하라는 건데, 이건 일반투자자들에게는 감당하기 힘든 주문이다.

몇 천억을 가지고 있는 순수 개미들이 어디 있겠는가? 설령 있다 하더라도 그들이 조직적으로 일사불란하게 움직일 수 있을까? 아무리 많은 자금이라도 혼자서는 세력처럼 움직이기 못하기에, 하루라도 빨리 고수대열에 오르는 것이 승부를 낼 수 있는 지름길이고 최선책인 것이다. 물론 고수들과 어깨를 나란히 하기 위해서는 한두 가지 조건만 갖춰서는 안 된다. 여러 가지 시행착오와 노하우로 산출되는 과정이 있어야 하며 때로는 주식시장에 넘쳐나는 얘기에 귀를 닫는 지혜도 필요하다. 오로지 자신만 믿고 보이는 것에만 승부를 거는 신념투자자가 되어야 한다는 말이다. 더불어 주식시장에 대한 넓은 안목을 가지고 흐름에 맞는 투자는 기본이요, 사물을 판단함에 있어 격을 갖춘 냉철한 판단이 앞서야 한다.

주식시장에서는 자신의 얄팍한 지식을 신봉한 나머지 자칭 고수라고 말하는 사람들을 많이 본다. 이런 사이비 고수들은 빈 수레가 요란함의 진수를 보여준다. 특히 온라인에서는 사이비 고수들이 선량한 개미들을 진흙탕으로 몰아가는 경우가 많다.

나 역시 주식투자에 대한 나름의 지침서 없이 부화뇌동하며 시장을 기웃거리던 시절이 있었고 뇌동매매를 고수했었다. 그리고 각 증권 사이트의 아수라판에 올라온 사이비 고수들이 외치는 소리에 잠 못 이루며 귀 기울이는 날이 많았다. '지금이 마지막 매수 기회다. 돈 없으면 마누라라도 팔아서 사라. 마누라 사갈 사람이 없으면 입던 속옷이라도 팔아서 사라. 그렇지 않으면 천우신조의 기회를 놓치는 것이다. 노랑머리가 쓸어담고 있다. 지금이 바닥이다. 미수 몰빵이라도 질러라.'

이런 글들을 보면 누가 알까 두려워 내가 먼저 솔선수범하여 몸에 기름을 붓고 덤비다가 당한 적이 한두 번이 아니었다. 주식시장에는 2시의 전주곡이 울려도 흥분하지 않아야 하고, 이빨이 부서지도록 고독도 씹을 줄 알아야 한다. 좁쌀을 백번 굴려봐야 호박 한 번 굴리는 것이 나은 것처럼, 주식시장에 발을 들였다면 호박으로 뒹구는 편이 낫지 않겠는가.

돈을 차갑게 사랑하라

주식시장은 돌고 도는 물레방아처럼 대형주가 시장을 주도하는 강세장이 되었다가 하루아침에 약세장으로 돌아서기도 한다. 부도난 수표를 들고 사형선고 받을 날만 기다리는 종목들이 행여나 고무신 거꾸로 신고 대박을 터뜨려주지는 않을까라는 기대심리로 객장에 들어선 아줌마 부대까지 불러들이면 시장은 노년기로 접어들게 된다.

사람이 살아가는 것도 주식 흐름과 닮아 있다. 돌도 씹어 소화시키던 젊은 시절이 반짝 하고 지나가면 어느새 백발노인이 되어 묘자리 보러 다니는 신세로 전락해버리는 것처럼 주식도 마찬가지다. 짧은 인생도 자신이 관리를 못해 빈둥거리면 길게 느껴지는 것처럼 주식도 관리를 소홀하게 해 손절매 타이밍을 놓친다거나 잘못된 판단으로 물타기라도 하는 날에는 주식시장을 보는 일이 얼마나 긴 고통인지는 당해보지 않은 사람은 모른다.

주식이라는 것은 오늘 내렸다고 내일 못 오르는 것이 아니라 오늘 내리면 반드시 어느 내일엔가는 오르는 논리를 갖추고 있다. 마찬가지로 인생도 죽을 것 같아도 다시 살아나고 늘 좋은 일만 있는 것도 아니고, 늘 나쁜 일만 있는 것도 아니어서 '새옹지마' 라는 말이 있는것이다. 그렇다고 해서 가만히 앉아서 운명대로 인생을 받아들일 수는 없다. 왜냐하면 주식이나 인생이나 똑같이 하루에 새벽이 두 번 오지 않기 때문이다.

그러다보니 지난날 나도 나설 때와 물러설 때를 모르고 오로지 돈을 많이 벌어서 성공해보겠다는 욕심 하나만으로 그 나머지 어떤 것도 생각하지 않았다. 그러나 이상하리만큼 돈을 많이 벌어야겠다고 욕심을 부리면 부릴수록 돈은 멀어져만 갔으며 오히려 돈으로 인한 고통이 크게 자리잡았다. 오히려 부자가 존경받기는 어려운 현실이라는 점을 들어 스스로에게 위안을 주고 부자 되기를 포기하기로 마음먹은 순간부터 너무나 마음이 편해졌다. 그러나 이미 나는 돈맛에 상당히 길들여져 있어 후유증도 적지 않았다. 섬섬옥수 같았던 손은 이미 갈쿠리가 되어 있었고, 꾀꼬리 같던 목소리도 돼지 멱따는 소리로 변해 있었다. 어쩌면 인생이 짜여진 대본대로 살아가는 것은 아닌가 하는 생각이 들 정도로 성공이라는 것은 누구한테나 주어지는 선물이 아니라는 비통한 깨달음과 함께 성공을 얻는 데는 잃어야 할 것들이 많음을 알았다.

하지만 그럼에도 불구하고 노력 여하에 따라 운명은 내 뜻대로 바꿀 수 있다는 사실 하나만은 확실하게 깨달았다. 순간 나는 나에게 가장 합리적이고 이성적인 방법으로 마인드 컨트롤을 하기 시작했다. '나는 꼭 성공할 수 있다…… 나는 꼭 성공할 수 있다.' 그러기를 수도 없이 되뇌면서 자신을 설득해나가기 시작했다.

사실 주식뿐만이 아니라 인생살이 모든 일에서 한 번쯤 실패하지 않는 일이 어디 있겠는가. 문제는 그 결과를 받아들이는 자세다. 그런 실패가 거듭되면 마치 이 세상이 정해진 것인 양 스스로 손을 놓는 이들도 있고, 반면 어떤 이들은 자신의 손금에 삼지창도 그려넣고 관상도 바꾸어 운명에 도전해보겠다는 의지를 펼치기도 한다.

이런 운명 도전형에게 누군가는 어리석다고 비웃는다 해도 나는 그것이 아무리 해도 지나치지 않는다고 본다. 나도 한창 주식투자에 실패를 거듭하면서 방황하던 시절이 있었다. 그때 마지막 보루로 신점에 의지한 일이 있는데, 어리석다는 생각을 하면서도 답답한 사람들이 지푸라기라도 잡는 심정을 공감할 수 있는 좋은 기회였다.

그러니까 내가 하고 싶은 말은, 거듭된 실패로 지쳐갈 때면 지푸

라기라도 잡는 심정으로 할 수 있는 모든 것을 찾아 다시 한 번 자신을 뜨겁게 달구라는 뜻이다. 이것저것 노력하다보면 어느새 자신도 모르게 스스로가 자신을 뜨겁게 사랑하고 있음을 느낄 수 있을 것이다. 그런 후에는 나이가 들어 기력이 떨어지고 오줌발이 약해져 물건마저 흐느적거리는 사람일지라도 '나는 꼭 성공할 수 있다'고 큰소리로 외칠 수 있는 힘이 그때서야 생겨난다. 그때 비로소 자신의 성공이 7부 능선을 타고 정상을 향해 발돋움하고 있음을 스스로 발견하는 기쁨을 만끽하게 되는 것이다.

삶이 그대를 속일지라도 투자하라

'달걀을 한 바구니에 담지 마라'는 말을 많이 들어봤을 것이다. 그런데 주식의 아버지인 워렌버핏은 이렇게 말했다. '달걀을 한 바구니에 담아라. 그리고 그 바구니를 지켜라.' 이는 주식의 이론과 실전이 판이하게 다름을 보여주는 대목이다. 달걀을 한 바구니에 담지 마라는 것은 이론일 뿐이고, 달걀을 한 바구니에 담아 그것을 지켜야 하는 것은 현실인 것이다. 주식은 이론과 실전이 판이하게 다른 야누스와 같은 얼굴을 하고 있다.

나는 가끔 투자자들에게 '주식투자에 대해 얼마나 긍정적인 생각을 하고 있는지' 물어보고 싶을 때가 있다. 나 역시 주식투자를 하고 있고 전문가 방송까지 해보았지만, 행여 내가 하고 있는 일을 누가 알까봐 주위사람과 무릎을 맞대고 대화를 나눠본 적이 없다.

그래서 아이들이 신학기마다 가정환경조사를 위해 써오라는 통신문의 부모 직업란에도, 차마 '주식전문가' 라는 다섯 글자를 올리지 못했다. 행여 주식을 잘 모르는 선생님께서 노름이나 하는 한심한 부모로 생각할까봐 두려웠기 때문이다. 그러한 오해로 나의 소중한 두 녀석에게 피해가 간다면 최소한의 도리도 못하는 부모가 될 것 아닌가.

자신이 꿈꾼 장밋빛 대본만 생각하고 주식시장에 입문하는 사람들이 의외로 많다. 처음 '아이들 학원비 정도만 벌어도 좋겠다', '담뱃값이나 벌어보자' 하는 바람은 어느새 '기와집 한 채 정도만 터져줘도 좋겠다' 로 커지게 된다. 이러한 생각들은 끊임없는 욕심을 부르고, 안 그래도 내가 살기 위해 상대방의 목을 쳐야 하는 주식시장은 더욱 살벌해진다. 주식시장은 1퍼센트의 아군과 99퍼센트의 적군이 힘겹게 싸우는 전쟁터다. 주식시장에서는 그 누구도 내 목소리를 들어주지 않는다. 또한 100퍼센트 승률 보장이나 완벽한 비법 같은 것도 존재하지 않는다. 하지만 여전히 많은 루머가 떠도는 것은, 대중들이 비법을 원하고 언제든지 자신의 귀를 빌려줄 태세를 취하고 있기 때문이다.

내가 그랬듯, 대부분의 주식 투자자들은 한쪽 발을 시장에 담그고 있으면서도, 무슨 일이 생기면 도망갈 준비부터 한다. 주식을 부정적으로 보는 사람들은 주식 투자자들을 '바닥 인생'이라며 '주식 나부랭이나 한다'고 비하하는 경우가 많다. 돈이 걸려 있는 판 때문에 주식 투자자의 삶은 언제나 왜곡되고 제 가치를 인정받지 못하는 것이다. 장기투자에 대한 인식과 주식투자를 부정적으로 바라보는 선입견이 그 원인이 아닐까 한다.

이렇듯 제대로 된 안경을 쓰지 않고 주식시장을 바라보는 사람들이 있다. 이들은 한결같은 목소리로 주식시장은 '단추 공장도 벤처 기업으로 인정'하는 짜고 치는 고스톱이라며 비난한다. 아궁이의 불도 잘 달구어진 불쏘시개를 든 임자를 만나야 활활 타오르지만, 이런 궁합은 제비가 박씨를 물고 오는 것보다 힘든 것이라며 노약자와 임산부는 주식시장 근처에 얼씬도 하지 마라는 경고 또한 잊지 않는다. 이런 사람들의 생각은 '주식=쪽박'이라는 공식에서 벗어나지 못하는 특징을 가지고 있다.

하지만 누구나 똑같은 생각을 갖고 똑같은 방향으로 나아간다면 얼마나 지루한 세상이 되겠는가. 더러는 오솔길도 걸어보고 험난한 비탈길에서 구르는 위험도 감수해야, 그만큼 성장도 하고 사는 재미도 느낄 수 있지 않을까 한다. 때문에 나는 어느 정도 이길 확률이 보이는 일에는 항상 승부수를 띄웠고, 비록 내가 지더라도 다음을 위한 밑거름으로 삼았기 때문에 주식시장에서도 '승자'가 될 수 있었다.

테마주 주인자리를 세력에게 넘기지 마라

주식으로 성공하는 사람들을 보면 경제학자를 능가하는 지식으로 무장한 실력파가 있는가 하면, 자신만의 확고한 원칙과 감각, 이와 상응하는 느낌이나 운이 어우러졌을 때 빛을 발하는 요령파가 있다. 그런데 이 실력파들이 하는 실수 중 하나가 주식시장의 변화를 받아들이지 못하는 것이다. 때문에 좋은 투자방법을 가지고 있어도 낭패를 보는 경우가 비일비재하다.

가령 주가를 저울질하는 BPS, EPS, PBR, ROE 등 이외에도 CEO와 경영진의 역량, 기술력 보유, 환금성 있는 요지에 부동산 보유 여부 등 많은 시간을 두고 조사해서 선행된 지표를 보고 그에 맞는 원칙으로 투자했음에도 불구하고 똑같은 공식이 성립되지 않는 주식시장의 섭리 앞에 무릎을 꿇는 것이다.

오히려 심하게 모래바람이 일어나는 4월쯤에는 황사가 오기 마련이니, 방송에서 '황사주의보' 가 발령되기 이전에 평소 그와 관련되어 이름값 하던 소형주를 잡아놓는 요령파들의 수익이 훨씬 좋을 수 있다는 얘기다. 이러한 테마들을 파악하지 못하면 주식시장에서 돈 벌기도 어렵고, 세력들에게 당하기 십상이다.

특히 세력들은 많은 물량을 저가에 매집한 후, 개미들이 좋아하는 완벽한 추세선을 갖춘 차트를 만들고 고점에서 물량을 매도하여 수익을 챙기는 전사들이다. 때문에 테마주를 할 때에는 대장주만을 고집하는 것도 중요한 전략이라 할 수 있다. 테마주의 대장주에게는 반드시 매도할 시간이 주어지지만, 그 후발주들은 대장주가 조금만 흔들려도 곧바로 하한가로 직행하기 때문이다.

여러 테마들 중 지금까지 나갔던 테마는 크게 IT와 BT로 나누어진다. 그 외에도 이산화탄소 발생제한으로 온실가스 농도 안정화를 목표로 한 교토의정서에 관련한 대체 에너지 주, 광우병 수혜주, 조류독감 수혜주들이 있다. 또한 방학이나 입시철이 다가오면 교육 관련 주들이 들썩거리고 그와 같이 게임주, 엔터테인먼트 관련한 음반주, 복제돼지와 줄기세포, 나노 기술, 보안 주, 선거를 겨냥한 대선 테마주, 방북 테마주 등 수도 없이 많은 테마주들이 시장 변화에 따라 지금도 만들어지고 있다. 특히 테마주들은 관련 뉴스만 나오면 다시 상승하는 특성을 보인다. 한번 만들어진 테마군단들은 쉽게 죽지 않고 두고두고 빛을 발휘하는 것이다.

상승장에는 대부분 실적을 동반한 우량주들이 테마를 이루기 때문에 상승 속도가 가파르지 않다. 하지만 하락장에서 이런 테마군단의 상승은 쉽게 투자자의 눈에 뜨인다. 때문에 하락장에서 상승 종목은 살짝만 건드려도 연일 상한가를 내뿜는 기염을 토하기도 한다.

그러나 테마의 대장을 잡았다고 해서 지나친 공상을 갖고 탐욕을 부리다가는 또다시 가시밭길을 걸으며 깡통소리를 내야 할지도 모르므로 '무릎에서 사서 어깨에 팔아라', '생선의 꼬리와 머리는 다른 사람에게 줘라'는 주식시장의 논리를 따르는 것이 좋다. 특히 심리적 수급 영향이 절대적인 테마군단의 종목군은 어설픈 진리라도 꼭 따라줘야 한다. 테마군단의 급등 종목은 지지선이 생명선이며, 저항선을 넘지 못하는 종목은 지지선이 무너지는 것보다 더 무서운 속도로 망가질 수 있다는 사실도 잊어서는 안 될 것이다.

백 주의 졸병보다 한 주의 테마 대장을 잡아라

물론 테마주만 따라다니는 개미들도 있기 때문에, 개인들이라고 해서 테마주에 발을 못 담그라는 법은 없다. 하지만 테마주를 하기 위해서는 누구보다 빠른 정보력과 판단력 그리고 손놀림이 필요하다. 예를 들어 대통령이 북한을 방문한다는 뉴스가 뜰 때는 다음날 대북 관련 종목을 살래야 살 수가 없다. 이와 같은 재료들은 미리 알 수 있는 선도세력이래야 매수가 가능하다. 하지만 올림픽을 치른다든지 대통령 선거를 앞두고 있는 것처럼 '시간'이 있을 때는 미리 그와 관련한 종목을 선정해두고 기다리면 되는 것이다. 올림픽을 치를 때는 올림픽과 관련한 선정업체를 생각해본다거나 대통령 선거 때는 각 당 대선주자들의 선거공약을 관심 있게 지켜보는 것이 그 요령이다. 가능성 있는 대선주자의 공약에 맞는 종목을 미리 분류하여 기다리는 것이다. 대선이 끝나면 주가는 제자리로 돌아갈지도 모르지만, 대선 가능성이 있다는 자체만으로도 얼마든지 주가를 상승시킬 힘을 갖는 것이 바로 주식이다.

테마주와 같이 재료노출을 이야기할 때는 '공시'를 빼놓을 수 없다. 공시라는 것은 기업이 금융감독위원회나 관계기관에 제출하는 신고 또는 보고서를 말한다. 그 내용을 실시간으로 일반인에게 공시함으로써 공시의 신속성과 기업경영의 투명성을 제고하는 것이다. 공시는 내용에 따라 그 주식의 악재와 호재로 구분된다. 그런데 더러 기업의 정보를 미리 알고 선취매한 세력들이 개미를 유인하기 위해 차트를 만들면서 증권 사이트의 게시판을 통해 루머를 흘리는 경우도 있다. 'M&A를 한다', '무상 증자를 한다', '3분기 기업실적이 끝내준다', '깜짝 놀랄 만한 특허를 낸다' 등의 일명 '~카더라' 통신으로 말이다.

행여 그 루머가 진실이라고 해도 시장에 떠돌고 있는 소문은 이미 제값을 다했다고 보면 된다. 누구나 다 아는 내용은 이미 정보로서 가치를 잃어버린 것이다. 아무리 좋은 호재라도 시장에 얘기가 나오는 순간 바로 악재로 돌변하기 때문이다. '소문(루머)에 사서 뉴스에 팔아라'는 주식 격언이 바로 이에 해당된다.

보통 주식시장의 공시는 시장에서 먹잇감이 되는 종목들 위주로 나온다. 주가를 만지는 형님들이 칼자루를 쥐고 있는 것이다. 그들은 주식시장이 열리는 9시 전부터 투자자의 관심을 끌기 위해 유혹의 전단지를 뿌린다. 만약 그 세력이 날이 잘 선 칼자루를 휘두르는 프로들이라면 연속적으로 상한가를 만들어내지만, 힘없는 칼자루를 든 뜨내기들이 휘둘렀을 때는 '공시가 사람 잡는다'는 말이 나오게 된다. 또 하나 주식시장이 끝나는 3시 이후 테스트용

공시들이 나오는데 이 역시 다음날의 연속성을 기대하기 힘든 경우가 대부분이다.

　하나의 방법만을 꿰뚫고 있다고 해서 '주식시장을 읽고 있다'는 착각에 빠져서는 안 된다. 주식시장이 그렇게 쉽게 성공을 준다면 누가 힘들게 직장을 다니며 답답하게 살아가겠는가 말이다. 적어도 5년 이상은 피 터지게 싸워야만 희망의 언덕에 깃발을 꽂을 수 있는 것이 바로 주식시장이다. 단지 머리가 좋고 노력만 한다고 성공할 수 없는 것이다.

　주식은 종합예술과도 같다. 음악, 회화, 문학, 건축, 무용 등 여러 분야가 혼합하여 하나의 예술품을 창조해내듯 주식 역시 실력과 타고난 재능, 알 수 없는 행운들이 어우러져야 성공을 앞당길 수 있는 것이다.

　여자의 마음과 개구리가 뛰는 방향 그리고 주가의 움직임은 예측할 수 없다고 한다. 주식에는 정답이 없다. 유사 답안지는 많지만 어디로 움직일지 모르는 주가의 특성상 모든 주식투자에는 정답이 없다는 말이 맞을 것이다. 때문에 주식은 '신의 영역'이요, 주가는 '귀신도 모른다'는 말이 나오는 것이 아닐까?

03

나만의 공격무기가
꿈같은 10억을 만든다

인생은 엇박자일수록 억 소리가 난다

우리 속담에 뒤로 자빠져도 코가 깨진다는 말이 있다. 이 말은
정말로 재수가 없는 경우에 많이 쓰는 말인데 주식 투자자라면 누
구나 한번쯤은 이런 경험을 해봤을 것이다. 가령 본인이 주식을
사고 나면 반드시 내리고, 팔고 나면 그 다음부터 상한가를 치는
경험은 누구나 겪어봤으리라 생각한다. 만약에 한 번도 그런 일을
당해보지 않았다면 정말로 운이 좋은 경우라고 할 수 있다. 주식
은 때를 사야 하는 타이밍의 예술이다. 따라서 계좌에 총알이 가

득하다고 해서 아무 곳에나 따발총을 쏜다고 모두 명중시킬 수 없는 것이 바로 주식시장이다.

밀림의 왕자인 사자도 매일 사냥을 하지 않는다고 한다. 배가 부르면 아무리 좋은 사냥감이 나타나도 거들떠보지도 않고, 사냥을 할 때도 작은 동물은 쳐다보지도 않는 나름의 철칙을 가지고 있다.

이처럼 주식시장에서도 날고 기는 데이트레이딩을 하는 투자자라 할지라도 그날 먹잇감이 보이지 않으면 미련 없이 손을 털어야 한다. 자신은 남과 다르다는 믿음을 갖는 순간, 그 자만심이 바로 깡통을 차는 지름길이라는 얘기다. 고스톱을 칠 때도 상대의 수를 읽어야 승리하는 것과 마찬가지로, 주식시장에서도 상대편의 움직임을 파악하지 못한다면 질 수밖에 없는 게임이 된다. 특히 현재가 창에서 느껴지는 호가의 체결강도나 흐름을 보면서 허매도, 허매수가 아닌지를 파악해야 하는데, 자신만의 철칙이 없는 사람들일수록 이런 속임수에 쉽게 넘어가 추격매수는 물론이고 고점매수 저점매도로 인생의 쓴 맛을 보게 된다.

주식투자의 3대 본능인 예측불허, 변수출몰, 버림의 미학 등은 그야말로 인간의 3대 본능이기도 한 안정성, 정확성, 채움의 미학과는 반대되는 것들이다. 주식시장의 본능과 인간이 선호하는 본능이 '엇박자'를 이루고 있는 것이다. 실제로 나 역시 시장이 폭락할 때는 현금 없이 주식만 가득한 계좌를 보며 뜬눈으로 밤을 새우곤 했다. 현금이 곧 기회인 주식시장에서 유동자금 하나 없는 리스크 관리를 한 나 자신이 원망스러웠기 때문이다.

주가는 '불확실 속에서 꽃이 피고, 확신 속에 화려한 고점이 형성되며, 미련 끝에 잔고가 반토막 난다'는 우스갯소리가 있다. 그러나 우리가 살아가는 세상이 1 더하기 1이 꼭 2가 되는 공식화된 세상이라면 주식시장에서 깡통 찰 투자자가 누가 있으며 자신이 만든 원칙을 맹신하다 자살하는 일이 왜 생기겠는가.

단 한 번에 인생역전 대박을 터트리는 이가 있는가 하면, 또 다른 이는 백전백패하여 쓰디쓴 패배의 잔을 기울일 수도 있다. 하지만 역으로 생각해보면 그런 공식이 없기에 여러 형태의 성공담 또한 만들어질 수 있는 것이 아닌가 한다.

10억 만들기의 시작은 소비감량이다

어느 누구처럼 부모 잘 만나서 세상사 걱정하지 않고 사는 사람이 과연 몇이나 될까? 어찌 보면 부모 잘 만나 세상 걱정 하지 않고 사는 것이 행복해 보일지는 모르겠지만 아직까지 나는 스스로 노력하지 않고 누군가가 만들어준 행복은 진정한 행복이 아니라고 생각한다.

젊어서 고생은 사서도 한다는 옛말이 아니고서도, 어느 정도 세상을 살다보면 자신의 노력으로 정성을 다해 인생의 꽃밭을 가꾸고 그 안에서 예쁘게 피어난 꽃들을 바라보았을 때 고생한 보람과 함께 삶의 충만감을 느끼게 되지 않는가. 그래야만 삶의 뒤안길에서 누구 앞에 서더라도 검은 머리 속에 섞인 흰 머리가 부끄럽지 않은 자신을 발견할 수 있을 것이다.

나는 지금까지도 주변에서 많은 사람들이 자신만의 꿈을 가지고 살아가는 모습을 보았다. 비록 당장은 어렵고 힘들지만 그래도 결국에는 자신이 꿈꾸는 세상에서 살 수 있을 거라는 확신과 함께 한 발 한 발 나아가는 모습을 보면, 괜스레 나 자신이 먼저 뿌듯해진다.

'10억 만들기' 역시 이런 대견한 꿈들 중 하나가 아닐까 한다. 지금은 서울에 있는 괜찮은 집 한 채 값이 10억인 것을 감안할 때, 10억이라는 의미가 어찌 보면 너무 협소하게 여겨지기도 한다. 너무나 멀게만 느껴졌던 10억이라는 숫자가 그다지 힘겹게 보이지 않는 것은 아닐까라는 생각도 들지만, 많은 사람들이 10억을 꿈꾸고 있는 것을 보노라면 쉽게 도달할 수 있는 경지는 아닌 것 같다.

그런데 이렇듯 꿈의 숫자를 설정해놓고 돈을 많이 모은 사람들을 보면 한결같이 종자돈이 결정적인 역할을 한 경우가 많았다.

가령 10억이 되기 위해서는 반드시 1억이라는 과정을 거쳐야만 되는 것이다. 따라서 10억을 만드는 것이 중요한 것이 아니라 나는 1억을 만드는 종자돈이 무엇보다도 더 중요하다고 말하고 싶다. 10억은 고사하고라도 1억조차도 만들기 힘들다고 한다면 할 말은 없지만 돈이라는 것은 일반적인 숫자 계산처럼 딱 맞아떨어지지 않는 경우도 생겨난다는 사실을 알아야 한다. 가령 힘들게 천만 원을 만들었다면 다음에 2천만 원을 만드는 것이 어려워야 하는데 오히려 천만 원을 만드는 과정보다 더 쉬울 수 있다는 것이 함정으로 남는 '부'의 미스터리다.

그런데 아무것도 없는 허허벌판에서 종자돈을 만들기 위해서는 얼마나 지독한 구두쇠 영감 소리를 들어야 하는지, 그것에 대한 자신이 없다면 아예 종자돈 만드는 것을 포기하는 편이 낫다. 하지만 그럼에도 불구하고 종자돈 마련에 도전하려면 우선 자신이 가지고 있는 현금의 흐름을 알아야 한다.

내가 중국에 온 뒤 잘못된 습관을 고친 것이 하나 있다. 바로 현금에 대한 인식이다. 10년 전만 해도 중국은 우리가 쉽게 드나들 수 있는 곳이 아니었지만 지금은 그때와 달리 모든 것이 다 열려 있다고 봐도 괜찮다. 올해는 북경에서 올림픽까지 열리게 되니 더 많은 변화가 있을 것이다. 하지만 아직까지 여러 부분에서 생활방식의 차이가 엄존하는데, 그중 하나가 현금정신이다.

우리도 어렵고 힘들었던 지난날을 되돌아보면 지금처럼 카드로 꾸려가는 인생은 생각할 수도 없었고 알뜰하게 저축해서 모아진 돈이 없으면 아무것도 할 수 없었는데, 중국의 지금이 그때와 비슷하다고 보면 된다.

처음 내가 중국에 왔을 때 나는 거의 한 시간을 집안 목욕탕에 감금되었던 적이 있다. 목욕중에 갑자기 수돗물이 나오지 않는 것이었다. 그래서 나는 수도 공사를 하나 생각했었다. 그러기를 한참 기다려도 여전히 수돗물이 나오지 않아서 나는 비눗물도 채 씻지 못하고 급한 김에 남편에게 사정얘기를 하고 SOS를 청했다. 남편도 처음에는 왜 수돗물이 나오지 않는지 몰랐는데, 주위 직원에게 물어보고 나서야 겨우 답을 알았다.

여기는 항상 먼저 요금을 충전해야 한다는 사실을 모르고 있었던 것이었다. 전화도 마찬가지였다. 전화도 미리 요금을 충전하지 않으면 자동으로 끊어지고 전기, 부엌에 쓰는 가스연료 역시도 말할 것이 없었다.

내가 집안 목욕탕에서 어찌할 바를 몰라 엄청 화가 나서 '어서 빨리 한국으로 돌아가야지' 라고 칙칙거리기는 했지만, 사정을 알고 나서는 이렇게 하는 것이 옳겠다는 생각이 들었다. 사실 우리는 전기세든 수도세든 통신료든 미리 지불하지는 않는다. 그리고 사용료를 지불하지 않는다고 끊어버리지도 않는다. 단지 연체료만 가산될 뿐 우리에게 하나도 불편하게 하지 않는다. 그런데 나는 이것이 바로 우리가 다시 생각해봐야 할 부분이 아닌가 싶었다.

우리는 전기세든 통신료든 수돗물이든 얼마를 사용할지 모르고 마냥 사용한다. 그런 후 날아온 고지서를 보면 이미 절약할 수 있는 시간이 지나버리게 되는데, 반대로 미리 어느 정도 사용하겠다고 한 달 분을 충전하고 나면 그에 맞춰 사용하려고 하기 때문에 자연스럽게 절약이 되지 않을까 고민해보게 되었다.

이것뿐이 아니었다. 여기는 현금 없이는 아무것도 할 수 없다. 그러다보니 자연스럽게 돈의 중요성을 깨우치게 되었다. 뭣 모르고 카드를 쓸 때는 아무리 많은 금액을 결제하더라도 눈에 보이지 않기에 그 씀씀이의 정도를 몰랐다. 마치 우리가 주식을 하면서 계좌에 줄어든 자금이 엄청난 손실을 주었더라도 눈에 보이지 않아 그것이 어느 정도인지 추정할 수 없는 것처럼 말이다.

그러나 여기서는 돈을 쓸 때는 항상 눈에 보이는 가치 때문에 또 말없이 자연스럽게 절약이 되었다. 물론 주위의 모든 사람들이 함부로 낭비하지 않기도 않고 그렇다고 낭비벽을 조장할 만한 여건이 갖춰져 있지 않은 것도 무시할 수 없는 요인이기는 하다. 근로자나 의사, 선생님, 가정부 등 대부분의 직장인 임금이 RMB(중국인민폐)로 천 원 안팎이라면 좀 더 이해하기 쉬울까? 작은 부분이기는 하지만 나는 그 동안 내가 아낄 수 있는 여러 부분들을 많이 놓치며 살지 않았나 하는 반성을 여기 와서야 해보았다.

사실 나도 마찬가지고 주식을 하는 사람들 대부분이 쇠고기 한 근 사먹으려고 하기보다 소 농장 하나를 통째로 사기를 원하는 흔히 통이 큰 배짱을 가지고 있다. 물론 통이 커야 주식을 할 수 있는 것은 사실이다. 그러다보니 100만 원이 모여서 200만 원이 된다는 사실보다는 천만 원이 뻥튀기처럼 10억이 된다는 사실을 더 빨리 이해하고 있다. 지금 내가 잔챙이처럼 절약이 어떻고 얘기하는 것이 우습게 들릴지 모른다.

그러나 부자가 되기 위한 발판인 종자돈을 만들기까지는 아끼고 절약하라고 노래 부르는 일은 아무리 해도 지나치지 않다. 그렇게 열심히 노랫소리에 취해 있다보면 돈은 저축이라는 이름으로 통장에 모여 종자돈으로 자리하게 된다.

증시 주변에는 많은 주식투자 격언이 있다. 그것들은 모두 옳은 말이며 투자자들이 이미 알고 있는 말이다. 그럼에도 불구하고 실패한 투자자들 이야기가 들리는 것은 알고 있으면서도 행하지 않기 때문이다. '세상에서 저축하는 것을 이길 수 있는 상품이 있다면 세상은 종말이다' 라는 말이 있는 것만 보더라도 알고 있는 것과 행하는 것과의 차이는 하늘과 땅 차이라는 걸 알 수 있다.

한 종목에 관심을 집중하라

악마가 인간에게 준 최초의 선물이 술이라고 한다. 돌아가신 우리 아버지는 정말로 핸섬하고 박력 있고 의리까지 있어 남자로서 갖추어야 할 모든 것을 가진 분이었다.

그러니 당연히 친구가 많았고 멋진 인생사에 술이 빠질 수 없는 계약 조건인지라 술을 잘하셨다. 할아버지도 역시나 술을 좋아해서 부전자전이라는 명사를 아버지에게 물려주셨다. 게다가 나의 남편도 술을 꽤나 좋아해서 기분이 좋아도 한잔, 나빠도 한잔 하는 인생이다보니 술이 남편의 성격을 만들어주고 있다.

이곳 중국에서는 중국의 전통주인 바이 주를 많이 마신다. 우리가 생각할 수 없는 습관으로, 낮에도 업무적으로 낮술을 마실 수 있는 곳이 바로 중국이다. 바이 주는 증류한 흰쌀과 쌀누룩을 혼합시킨 것에 소주 등의 술을 첨가해서 숙성시킨 뒤 돌절구에 갈아서 만든다고 한다. 이 술은 전국시대 이전부터 발달된 것으로 매우 오랜 역사를 가지고 있는 만큼 30도 이상의 독한 술이며 거의 60도 가까이 되는 바이 주도 있다.

중국 사람들은 이 술을 즐겨 마시는데 서로 모르는 사람이 같이 마실 때도 흠씬 취하도록 마신다. 그렇게 서로가 인사불성이 되어 서로 보여줄 것 안 보여줄 것을 다 봐야 절친한 친구가 될 수 있다는 술 문화를 가지고 있는 곳이다.

누구나 술을 조금 마셨을 때는 기분도 좋고 대체로 양처럼 온순해진다. 그러나 조금 더 마시면 사자처럼 난폭해지기도 한다. 이 때 술이란 악마가 준 선물이라는 사실을 명심해야 한다. 악마는 언제나 나쁜 길로만 인도한다는 걸 잊지 않고 한잔 술을 기울인다면 자신을 지키면서 즐길 줄 아는 술자리가 될 텐데.

이렇듯 술을 마시면 사람이 변하는 것처럼 주식시장에서도 술을 마신 것과 비슷한 상황을 찾아볼 수 있다. 주식투자를 하다가 자신의 투자금액에서 조금 손실을 보았을 때는 양처럼 고개 숙이고 자신을 뒤돌아본다. 하지만 투자금액의 절반 정도 손실을 보게 되면 무서운 사자로 돌변해 모든 행동에서 공격형이 되어버린다.

그러다 투자금액의 전부를 잃게 되면 해탈의 경지에 올라 실성한 사람이 되다가 갑자기 손실 본 투자 금액에 대한 미련 때문에 남의 돈을 겁내지 않고 막무가내로 끌어들여 다시 한 번 도전을 해본다. 그러나 이미 상처 가득한 몸에 아무리 좋은 약을 바른다고 쉽게 치유되기는 어렵다. 괜히 상처만 덧나 더 깊은 상처를 입게 되고 아무 데나 뒹구는 신세로 전락해버린다.

이처럼 주식은 아무것도 모르고 덤비면 얼마나 위험성이 도처에 깔려 있는지는 생생한 체험을 통하지 않아도 주변의 귀동냥만으로도 쉽게 알 수 있다. 그래서 주식시장의 만물박사가 되기 위해서는 주식시장에 흩어져 있는 기본적인 상식들은 알고 덤벼야 한다. 가령 차트를 보는 기본 상식이나 주식에 관한 여러 용어들은 나이트클럽에서 정해둔 기본값이 이유 없는 것처럼 준비된 기본이라는 거다.

그 기본에다 실전 경험과 자신만의 노하우를 담아서 주식시장의 적군이 자신에게 어떤 무기로 달려드는지를 파악하고 대응책을 찾아야 한다는 거다. 그렇게 하려면 시장을 꿰뚫어야 한다. 그러나 자신이 시장에서 실력을 갈고 닦지 않고 얄팍하게 만들어진 허접한 차트에만 맹신하게 되면 그것은 곧바로 잘못된 가방 끈이 길어서 여러 사람을 다치게 하는 무기가 될 수도 있다.

나는 주식시장에서만큼 해박한 지식을 가진 사람이 많은 곳도

드물다고 본다. 주식시장에 좀 기웃거린다고 하면 거의 대부분 경제학 박사 이상의 자격증을 소유하고 있는 듯한 착각을 느낄 때가 많다. 그리고 자세히 들어보면 그들이 하는 말이 틀린 말도 아니고 지금껏 만들어진 이론적인 것을 잘 이해하는 데도 모자람이 없다.

그런데 왜 그렇게 잘 알고 있으면서도 정작 시장을 다 정복하지 못하고 맴돌고 있는지 의문이 생길 때도 많다. 한번은 여기 중국에 와서 중국에 있는 투자자들은 어떻게 하는지 궁금하기도 해서 내가 살고 있는 진 황도의 증권사를 찾아가보았다. 대충 어느 쪽이라는 것만 알고 찾아나섰는데 우리네 증권사처럼 번듯하게 차려져 있지 않아서 언뜻 알아보기는 힘들었다.

그곳에 도착해 사실 멋모르고 그냥 위층으로 올라갔는데 우리의 1980년대 오락실과 비슷한 모습을 하고 사람들이 빼곡히 자리하고 있었다. 증권사 직원은 온데간데없고 컴퓨터만 오락실처럼 나란히 놓여 있었다. 그런데 그곳에 모인 투자자들이 내가 생각했던 것과는 달리 의외로 차트와 호가창을 같이 띄워두고 보고 있었다.

내가 이곳에 올 때 우리의 20~30년 전이란 타임머신을 타고 왔는데, 어찌 된 게 주식 투자자들이 주가를 보는 것은 시대를 앞지르고 있었다. 중국이라는 사회가 19세기와 21세기가 함께 공존한다는 사실을 입증이라도 하듯이 말이다. 그래서 나는 차트와 호가 창을 번갈아 보고 있는 한 투자자에게 짧은 중국어로 몇 가지 물어보았다.

그런데 내가 생각지도 않은 답이 그대로 나왔다. 자신은 지금 보고 있는 한 종목만 계속한다는 거였다. 그래서 수익이 나고 있다는 말도 덧붙였다. 다른 것은 모르기 때문이라며 더 이상 묻지 말라는 손짓을 보냈다. 주식시장은 단순하다는 말을 나는 수도 없이 했다. 그러나 그 의미를 아직도 깨치지 못했다면 이 중국인의 얘기를 새겨들을 필요가 있다.

우리는 주식에 관한 책이 서점에 널려 있는 것에 비해 이곳 중국에서는 단 한 권의 주식 책을 구입하는 것도 어렵다. 그리고 주가도 RN 1310위엔 전후의 가격 형성을 하고 있는 종목이 대부분이고 제일 고가 종목이 100원을 넘는 게 몇 종목밖에 눈에 띄지 않는다(내가 중국에 온 2007년 1월 기준). 그만큼 주식시장이 활성화되지 않은 것에 비하면 시장에 참여하는 투자자의 눈은 앞서 깨우치고 있는 듯했다.

원칙적으로 생각하면 주식투자를 오래 한 투자자일수록 수익률이 높아야 하는데 수익률과 주식투자를 한 시간과는 반드시 정비례 법칙이 성립되지 않는다. 물론 오랜 세월 10년 20년 긴 시간으로 따지면 할 말은 없지만 주식 3년차 정도나 주식 초보자를 두고 봤을 때는 수익률을 계산기로 두드려본다는 것 자체가 주식시장의 맥을 아직 다 꿰뚫고 있지 못함이 아닌가 뒤돌아볼 필요가 있다.

이곳에서 내가 만난 중국인처럼, 자신이 꿰뚫어본 종목에서만 자신만만한 것처럼 주식은 처음 만난 투자자에게는 쉽게 마음을 주지도 열지도 않는다는 것만 알면 그 안을 꿰뚫어보는 것은 단지 시간문제다.

주식투자, 아줌마도 얼마든지 할 수 있다

5월은 아름다운 계절이기도 하지만 가정 행사 또한 너무나 많다.

5월 5일 어린이날을 시작으로 하여 8일 어버이날, 15일 스승의 날, 21일 성년의 날, 여기에다 가족 중 어른의 생신이라도 들어 있다면 어디서 돈 가방을 하나 몰래 들고 와야지 그렇지 않고는 가계부가 마이너스로 돌아간다.

그러나 경제학 서적 단 한 권을 읽지 않아도 어떤 살림살이건 간에 그에 딱 맞추어 잘 살아가는 게 대부분의 아줌마다. 배운 게 없다고 힘이 없다고 놀림당하기 전에 남의 말에 귀 기울여서 현명해지는 법을 자녀들에게 가르쳐 '이렇게 하면 훌륭한 자녀를 만들 수 있다'는 슬로건도 이미 만들어놓았고, 세상을 살아가는 것이 너무 막막해서 포기하겠다고 말하는 남편 앞에서 목에 칼이 들어와도 탈출할 수 있는 능력을 가르치고 심장에 화살을 맞고도 죽었다 살아나는 비법도 알려줘 적은 밖에 있는 것이 아니라 자신 안에 있음을 깨우치는 철학서 '남편 출세시키는 법'이라는 경전을 만든 사람들도 바로 아줌마다.

이렇듯 해가 뜨면 그림자가 생기듯이 아줌마가 뜨는 곳에는 반드시 신화가 존재하기 마련이다. 그러다보니 가정경제에서도 수익구조에 비해 지출 규모가 많아지면 우리의 아줌마들은 보일 듯 보이지 않는 돈을 쫓아서 달려가게 된다는 거다.

어떻게 하면 돈을 쫓아가지 않고 돈이 나를 따라오게 하는가는 이미 내가 입이 닳도록 외쳤던 바다. 욕심을 버리고 돈을 관리할 수 있는 자질을 갖추는 것. 이미 백만장자나 억만장자가 된 사람들을 보면 평범하게 부를 가진 사람들과 차이가 있음을 쉽게 알 수 있다. 단순한 진리를 철저히 지킨 것이다. 물론 어디서든 예외가 있기에 여기서도 예외가 있겠지만 크게 벗어나지 않는다. 어떻게 보면 여유가 생겼으니 당연히 자질이 갖추어졌지 않겠느냐고 하겠지만 여유를 찾기까지 억새풀 앞에서도 베인 살을 감출 줄 아는 자질이 중요하다는 얘기다.

모두들 주식시장에서 많은 돈을 벌었다는 고수들의 얘기는 들어보았을 거다. 하지만 정말로 주식시장에서 그렇게 돈을 많이 번 실제자료가 있는지 주식을 처음 시작하는 대부분의 투자자들은 궁금해한다. 주식시장만큼 검증된 자료 없이 쉽게 남의 말을 믿어주는 곳도 없을 것이다. 하지만 다른 사람들의 경험을 통해서 배우는 것도 현명한 일이라는 누구의 말이 아니라도 주식시장은 그 것을 잘 받아들이고 있다. 그래서 내가 운영하고 있는 카페를 소개하면서 거기에 남아 있는 실전 투자일지를 공개하려고 한다.

내가 처음 전문가 방송을 시작할 즈음에 만들어진 카페인데, 까페 주소는 'Cafe.daum.net/bsmoney10' 이다. 처음 전문가 방송을 시작할 때 나는 주식투자를 하는 사람들에게 내가 아는 많은 것을 주고 싶었다. 내가 잘 아는 방법론이 있는데도 불구하고 자꾸만 다른 길로 가는 것이 너무도 안타까워서 나는 과감하게 나의 매매일지와 똑같이 해보자는 제안을 했다. 그것이 '천만 원으로 10억 만들기' 였다.

2004년 12월 30일 시작한 이 카페에서 천만 원으로 데이트레이딩을 했고 아침 시초가 매매부터 장 중 짧은 매매와 2시 이후를 노리는 후장매매 그리고 종가 베팅 매매까지 다양하게 할 수 있는 매매는 모두 했었다. 정말로 아줌마들이 반찬값이나 벌자고 재미로 하는 수준이 고작이었다. 하지만 2004년 12월 30일 시작한 천만 원의 계좌는 2005년 4월 14일까지 채 4개월도 되지 않아 4,199만 5,000원이 되었다(수수료는 증산되지 않은 것으로 보아야 한다). 그런 후 천만 원으로 시작한 투자금액이 거의 1년 만에 2005년 11월 23일 기준으로 눈덩이처럼 불어나 4억 9,570만 1,000원이 되어 있었다.

사실 나도 놀랐지만 시간이 지나서 매우 중요한 사실을 하나 깨달았다. 수익구조와 바로 직결되는 것이 물량조절이었다는 정답을 찾은 것이다. 물량을 과다하게 잡으면 절대로 고수익을 누릴 수 없다는 결론이 나왔다. 자신의 투자 금액에 맞게 물량을 잘 조절하는 것이 무엇보다 급선무라는 진리다. 그러니까 열 번 중 아홉 번을 잘 맞추어도 못 맞춘 단 한 방에 모든 것을 잃게 되는 게 바로 주식시장이라면 쉽게 이해가 되리라 본다.

그런데 그때도 그랬지만 나의 방송을 듣는 남성들은 내가 그렇게 강조한 물량조절을 어긴 탓에 빛을 보지 못한 경우가 많았다. 그러나 여성들은 달랐다. 나는 공식과 같이 투자금액과 주가를 비교해서 투자금액이 천만 원인 경우 주가가 1,000원 이하의 종목은 1,000주를 사고 3,000원에서 5,000원 사이의 주가를 형성하는 종목은 500주를 사고 만 원의 주가를 가진 종목은 300주만 베팅을 하고 3만 원과 5만 원 사이를 오가는 종목은 100주를 그리고 10만 원이 넘는 고가 종목은 간지럽지만 10주나 20주를 사는 요령표(169쪽 참조)를 만들어주었다.

천만 원 계좌가 채 4개월도 되지 않아 4천만 원이 된 것도 바로 이 자료에 의해서 이루어졌다면 믿겠는가?

주식시장에서는 어떤 비법도 없지만 가능하면 시행착오를 되풀이하지 않는 것이 얼마나 중요한지는 지금껏 살아온 인생을 통해서 배웠으리라 본다.

더러 눈으로 살피는 주식은 실력으로 맞출 수 있다. 그러나 직접 매수에 뛰어드는 상황에서는 절대로 실력을 과신해서는 안 되기에 다시 한 번 물량조절을 강조하고 싶다.

주식시장에서 성공하는 여러 가지 방법 중에서 중요하지 않은 게 하나도 없지만 물량조절은 정말로 중요하다.

1만 원 하는 종목의 주식을 100주 매수해서 1,000원의 이익을 본다면 1,000주를 매수하면 100주 매수했을 때보다 10배인 1만 원의 이익을 보게 된다는 것은 모두 알고 있는 사실이다. 그러나 손실을 가정할 경우 그 반대가 된다는 것은 왜 모르는지 묻고 싶다. 주식은 수익을 내는 것도 중요하지만 손실을 덜 보는 것도 또다른 수익임을 배워야만 한다.

2004.12.30 처음 시작한 날

종목명	매도수량	매도가격평균	매수평균단가	거래비용(11%)	매매이익현실	이익율(%)
옴니텔	1,000	3,140	2,970	18,700	151,300	5.7%
현대건설	500	15,550	15,300	13,750	111,25	01.6%
마크로젠	100	24,000	23,500	5,500	44,500	2.1%

2005.3.22

종목명	매도수량	매도가격평균	매수평균단가	거래비용(11%)	매매이익현실	이익율(%)
바이넥스	500	15,000	13,900	60,500	489,500	7.9%
오리엔트	2,000	3,200	3,100	22,000	178,000	3.2%
지이소프트	500	12,750	12,300	24,750	200,250	3.7%

2005.4.08

종목명	매도수량	매도가격평균	매수평균단가	거래비용(11%)	매매이익현실	이익율(%)
에스엠	200	17,250	14,500	60,500	489,500	19.0%
예당	300	12,600	11,600	33,000	267,000	8.6%

cf.에스엠은 최저점에서 최고점(상한가) 1년에 몇 번 안오는 행운이 잡혔다.

2005.5.19

종목명	매도수량	매도가격평균	매수평균단가	거래비용(11%)	매매이익현실	이익율(%)
레이젠	500	3,370	3,300	3,850	31,150	2.1%
EBT네트웍스	2,000	1,520	1,450	15,400	124,600	4.8%
제이씨현	2,000	1,600	1,490	24,200	195,800	7.4%
유니슨	300	9,300	8,900	13,200	106,800	4.5%
컴텍코리아	2,000	1,800	1,660	30,800	249,200	8.4%

2005.6.28

종목명	매도수량	매도가격평균	매수평균단가	거래비용(11%)	매매이익현실	이익율(%)
성창기업	300	15,000	14,520	15,840	128,160	3.3%
지어소프트	300	11,200	10,400	26,400	213,600	7.7%
조아제약	500	6,900	6,550	19,250	155,750	5.3%
레이젠	1,000	3,600	3,485	12,650	102,350	3.3%

2005.7.28

종목명	매도수량	매도가격평균	매수평균단가	거래비용(11%)	매매이익현실	이익율(%)
조아제약	300	18,150	17,000	37,950	307,050	6.8%
중앙건설	300	19,500	18,300	39,600	320,400	6.6%
나라지온	2,000	1,500	1,360	30,800	249,200	10.3%
오리엔트	500	6,350	5,750	33,000	267,000	10.4%
엑토즈소프트	300	12,400	11,600	26,400	213,600	6.9%

감당할 수 없는 만큼의 물량을 한꺼번에 매수하고 나면 손절매의 기준치도 잊어버리게 되어 주식시장을 원망하는 넋두리만 늘어놓게 된다. 주식시장은 투자금액이 많아야 많은 수익구조를 형성한다는 것도 틀린 말은 아니다. 그래서 투자금액을 두고 탓할 수는 없다.

하지만 티끌이 모여서 태산이 된다는 진리를 깨치는 것이 반드시 성공할 수 있는 지름길이다. 티끌을 모으는 일은 아줌마 외에는 아무도 하지 못한다. 그래서 주식시장에서 아줌마는 성공할 수밖에 없는 노하우를 미리 가지고 있었던 게 아닐까 한다.

주식시장이 영원하다면 죽을 때까지 주식시장에서 버리지 않을 파트너가 아줌마이고 언제나 주식시장이 기다리는 부대가 아줌마 부대가 아닌가 싶다.

조급증과 결별해야 투자수익을 얻는다

주식시장에 뛰어들어서 성공하는 방법은 너무나 많다. 그러한 방법들을 다 적용해볼 수는 없지만, 이론상으로라도 가능한 모든 방법을 다 알고 있어야만 성공 가능성이 높다.

주식시장에서 수익을 내는 데 중요한 것은 크게 종목선택과 매수매도 포인트를 잘 잡는 것, 그리고 가장 중요하다고 할 수 있는 것으로 '때'를 사는 일일 것이다.

　주식시장에 들어서면 일희일비하는 한 수익은 주어지지 않는다. 이런 원리를 잘 알고 있으면서도 정작 주식시장 앞에 서면 수익이 나지 않는 날은 더 강하게 수익을 창출하려는 마음에 욕심과 타협을 이루지 못하기도 한다. 왕창 몰아서 잃는 경험을 데이트레이딩을 하는 투자자라면 한 번쯤 경험해보았을 것이다.

　한 달 동안 하루에 4~5퍼센트씩 실천매매를 잘 지켜 꾸준히 모았다가 하루이틀 만에 다 까먹는 매매를 어리석은 줄 알면서도 당하는 게 바로 주식시장이다. 돌고 도는 게 주식시장의 원리인데 그 원리를 역행하다보면 매매 자체를 거꾸로 하는 경우가 허다하게 일어난다.

　지금도 내 기억 속에는 비루한 갈아타기의 주인공이 한 명 있다. 그 주인공은 산성피엔씨를 3,000원대 3,000주를 잘 공략했지만 멀지 않은 시간에 6만 원까지 상승고지를 돌파하는 모습을 관객의 입장에서 바라보아야 했다.

　이후 예당을 9,000원대 7,000주 사들였으나 그도 얼마 되지 않아 2만 원까지 달려갔지만 닭 쫓던 개 지붕만 쳐다보는 꼴이 되어버렸고, 화인텍을 1만 1,000원대에 5,000주를 잡아 무겁다고 하는 우량주인데도 불구하고 두 달 만에 1만 6,000원까지 금방 날아가는 것을 차마 말 못할 심정으로 물끄러미 지켜본 투자자가 있었다.

그동안의 손실 본 투자금액 때문에 종목 선택은 잘하였으나 매수한 종목은 잡은 그날부터 숨죽여 겨울잠을 잘 준비를 하니 당연히 마음이 조급해져 빨리 움직이는 종목으로 갈아타본 것이다.

물론 그런 심정은 이해하나 주식시장에서는 절대로 조급하면 말려들게 되어 있다. 투자자들이 이 종목 저 종목을 기웃거리며 어떤 종목이 먼저 수익을 줄까 고민한 선택이 현명한 결과치를 가져다주지 못하는 경우가 많다. 단지 비루한 갈아타기에 가슴만 멍들게 된다.

내가 아는 지금 사례의 주인공은 그 때를 잘 맞추지 못해 아까운 기회를 많이도 상실했다. 그러나 주식시장에서는 기회가 한 번으로 끝나는 것이 아니기에 지금은 안정된 매매를 잘하고 있다는 소식을 들으니 주식시장에서는 맘만 잘 맞추면 회복도 어렵지 않다는 것 또한 사실이다.

주식시장에서 어떤 딱 떨어지는 공식을 찾아 그 공식에 맞는 원리 원칙을 찾으려고 한다면, 이것은 실전 대응능력을 상실하는 것과 다를 바가 없다. 그러므로 '그림 속의 떡은 아무리 보아도 배가 부르지 않고 그림 속의 사람은 아무리 불러도 대답이 없다' 는 성철스님의 말씀이 아니어도 내 손에 잡히지 않는 주식시장의 진리는 진리가 될 수 없으므로 자신의 주식 스토리가 전설로 남으려면 어떻게 해야 하는지는 스스로가 찾아야 한다.

추락하는 주식에는 날개가 없다

주식시장을 정글로 보면 숲에는 외인, 기관 맹수들과 풀만 뜯어먹고 사는 개미군단이 상존하고 있다. 그러다보니 육식동물인 맹수들에게 먹잇감이 되거나 먹이를 찾지 못해 굶어죽는 초식동물 개미의 아우성은 늘 난무하다. 맹수들에 의해 팔에 생채기가 나고 부러지고 급기야 잘려나가는 운명을 맞이했을 때, 다급해진 개미들은 정글을 빠져나가기 위해 급하게 탈출구를 찾아헤매나 그것도 여의치 않아 앉은 자리에서 뼈를 묻는다. 주식시장에는 탈출구조차 찾지 못한 개미 투자자들의 뼈가 고스란히 묻혀 있다.

주식시장은 개미들에게 탈출구라는 푯말을 붙여 그곳으로 유인하기도 하는데 개미들은 살아남기 위해 탈출구인 줄 알고 달려가지만 그곳에는 육중한 바위만 있을 뿐이다. 그러다 빛이 보이는 곳을 찾으려 해도 '암석이 짓누르지는 않을까'라는 불안한 마음이 들어 탈출도 하지 못하고 주변만 서성거린다. 결국 개미들은 갈 데까지 간 다음 슬픈 울음소리를 내면서 정글 속을 떠나게 된다.

 흔히 일반투자자들은 주식시장에서 늘 피해자가 될 수밖에 없으니 '장기투자 전략'으로 가지 않으면 살아남을 수 없다고들 이야기한다. 반대로 어떤 이는 총알이 두둑한 투자자나 장기투자를 할 수 있다고 반박하기도 한다. 나는 주식투자를 하는 방식을 두고 '장기투자가 옳다' 혹은 '단기투자가 옳다'는 식의 엇갈리는 의견에 대해 어느 편의 손도 들어주지 않는다. '주식투자 방식에는 절대적인 정답은 없다'라고 주장하기 때문이다. 자신에게 맞는 투자방법을 찾는 일이 중요하며, 그것이 곧 중요한 투자전략이 되는 것이다.

 만약 자신이 주식시장의 공포를 이겨내는 데 약하다면 누가 단타로 1백억 부자가 되었다 하더라도 가치투자의 아버지인 워렌버핏의 가문을 따라나서야 한다. 단돈 1백 원을 벌었다 하더라도 말이다. 이와 반대로 성질 급한 민족성을 타고난 탓에 워렌버핏과 같은 성향을 조금도 가지고 있지 않아 가치투자전략을 따를 수 없다면 위험을 각오하는 투자방법을 따라야 한다.

하한가를 따라잡아 잠 못 드는 하룻밤을 보내더라도 풀 미수도 지르고 고를 외칠 수 있는 배짱도 있다면 닥치는 대로의 매매도 서슴지 말아야 한다. 그래서 초단타도 하고 단타로 부릴 수 있는 최대한의 기교는 모두 부릴 줄 알아야 한다. 이처럼 어떤 투자방식을 두고 맞다 아니다를 따지는 일은 차선의 문제이지 최선의 문제가 아니다.

투자자는 자신에게 맞는 매매원칙을 찾으려고 무던히 노력해야 한다. 적은 수익이라도 수익이 발생했을 때는 계좌에 함께 묻어두는 것이 아니라 다른 통장을 만들어 수익 난 부분은 분리를 해두는 전략도 필요하다. 이런 한 가지 지혜도 투자를 극대화시킬 수 있는 하나의 방법이 된다.

이렇게 하다보면 경력도 쌓이고 잘못된 부분에 대해서 반성하는 시간도 가지면서 자신만이 갖는 매매형태와 원칙에 따라서 동물적 감각이 살아나게 된다. 그런 후 시초가 매매로 10억을 벌었다는 등 이평선 단기매매로 성공했다는 등 아니면 초단타로 매일 50만 원을 벌었다는 등 아니면 12퍼센트 상한가 따라잡기만 해서 다음날 시가에 던져서 10억 고지를 앞당겼다는 얘기들이 주식시장에 살아 있는 전설로 남아나게 된다.

여기서 강한 매매법 12퍼센트 상한가 따라잡기는 급등하는 초기에 잡는 행운도 잡을 수 있고 찾기도 쉽다. 각 증권사 프로그램이 잘 되어 있어 상한가 근접하는 종목군들을 빨리 찾아주는 시스템이 만들어져 있어 금방 찾을 수 있다. 그런데 무조건 12퍼센트를 따라가서는 안 된다. 반드시 이평선이 정배열된 상태에서 앞에 매물벽이 없어야 한다. 바닥을 기고 있다가 고개를 들 때는 대부분 급등하는 초기이기에 매수를 해도 무리가 없다.

지금(2007년 10월 10일 기준) 급등하는 대선 테마 군단인 이화 공영이나 홈 센터나 미주레일 같은 종목을 펼쳐두고 보면 쉽게 이해가 되리라 본다. 또 하나는 일봉의 밑꼬리가 5일선을 닿은 종목이 12퍼센트 상승 후 상한가를 찍어준다면 다음날 시가에만 던져도 승률이 높다. 이렇게 강한 종목이 살아남는 종목이다. 10퍼센트 하락하는 종목이 아무리 싸게 보여도 팔 기회도 주지 않는 무서운 종목이라는 걸 알아야 하고 비싼 강한 종목들은 아무리 폭락장이라도 팔 기회는 준다는 것을 미리 알고 있어야 한다.

주식시장에서 투자방법은 원칙대로 움직이지 않는 변수를 많이 가지고 있다. 다시 말해서 투자한 원금이 많으면 투자금액이 적은 사람보다 여유로울 수는 있을지 모르나 투자금액이 많다고 해서 절대로 많은 수익과 직결되는 것은 아니다. 1천만 원으로 해서 안 되는 사람은 1억을 가지고 해도 절대로 될 수 없는 억울한 공식이 성립하는 곳이 바로 주식시장이라고 하면 꿈을 먹으려고 하는 소액투자자에게 힘이 솟을 수 있을까?

주식시장에서 살아남는 방법, 몸으로 익혀라

내가 살고 있는 진 황도는 상해나 천진이나 베이징 이런 곳과는 달리 작은 중소도시이기에 생활환경에 우리가 생각지도 못하는 아름다운 장면들이 널려 있다. 그동안 앞만 보고 달려온 나에게는 좋은 안식처가 되지만 다른 도시는 상황이 다른 것 같다.

중국의 부자들은 우리가 갖고 있는 재력 그 이상을 가지고 있다. 지금 중국에서 최고 부자는 162억 달러(16조)를 가진 26세의 양후이 위엔이라는 젊은 여성이다. 그녀의 아버지는 가난하게 태어나 처음엔 공사판에서 벽돌공으로 전전하다가 부동산 개발업에서 대박을 터뜨려 돈을 모았다.

모은 돈으로 회사를 차렸는데 모두 그녀에게 물려주었다. 그 회사가 홍콩 증권시장에 상장되면서 그녀가 최대주주가 되는 바람에 그녀는 억만장자의 대열에 끼어들었다.

자본주의 사회에서 큰 자본을 들이지 않고 자신의 신분상승을 위해 도전장을 내미는 곳이 바로 주식시장이다. 주식시장은 처음부터 정답이 없는 곳이고 피가 터지고 박이 터져도 자신이 살기 위해서는 반드시 죽어줘야 하는 바보도 필요한 곳이다.

　그러므로 주식시장에서 남에게 희생되는 바보가 되지 않기 위해서는 얼마나 처절한 싸움을 해야 하는지 모른다.

　일부에서는 지금까지 성공한 개미투자자를 보지 못했다며 주식시장에는 근처도 가지 마라는 충고를 아끼지 않는다. 하지만 성공한 개미들이 자신의 성공을 내놓고 자랑할 수 없는 이유는, 성공을 거두기까지의 힘든 과정은 무시된 채, 제비가 물어다준 호박씨 덕에 대박을 맞았다는 식으로 치부당하는 일이 두렵기 때문이다. 단돈 500만 원으로 10억까지 가는데 그들에게 어찌 큰 고통이 없었겠는가. 주식시장은 표현할 수 없을 만큼의 공포와 통제할 수 없는 욕심과의 싸움에서 스스로가 '얼마나 잘 이겨냈느냐'에 따라 성공 여부가 결정된다. 그러므로 개미 성공자들도 예외일 수 없다. 사람들은 성공신화를 이룬 사람의 현 모습에만 관심이 있지 그들의 노력에는 깊은 관심을 두지 않는다. '저 사람은 타고난 그릇이야' 혹은 '나도 저런 조건에서 태어났으면 성공하고도 남았어'라며 그들의 성공을 당연시한다. 그래야만 성공하지 못한 자신의 마음이 편안해지기 때문이다.

주식의 바닥도 지나봐야 바닥인지 알 수 있고 주식의 고점도 지나고봐야 고점이었다는 사실을 알 수 있는 것같이 아무리 요지경 세상이라고 해도 지나고봐야 자신의 인생이 실패였는지 성공이었는지 알 수 있다.

성공 투자의 3대 조건을 명심하라

자신이 보유한 자금을 효율적으로 잘 운용해서 높은 이익을 얻는 기법이 재테크다. 과거에는 재테크라는 용어가 가정까지 파고들지 않았지만 지금은 가족의 개개 구성원이 누구나 쉽게 할 수 있는 것이 재테크가 되었다. 그러다보니 재테크에만 눈이 밝으면 자신이 몸담고 있는 경제구조를 완전히 바꿀 수 있고 인생역전도 얼마든지 가능해졌다.

우리가 어려운 상황이나 상대를 만났을 때 늘 떠올리는 말이 있다. 바로 나를 알고 적을 알면 백전백승이라는 말인데, 재테크에서도 마찬가지다. 그런데 자신에게 맞는 재테크가 무엇인지도 모르고 마냥 재테크는 어렵다고 쉽게 손 놓아버리고 때로는 재테크를 제대로 해보지도 않고서 요행수인 대박 환상을 꿈꾸는 일이라 폄하하기도 한다. 중요한 것은 재테크는 당장 급한 끼니를 얻기 위해서 하면 안 되고 반드시 즐기면서 오락처럼 생각하고 해야만 여러 마리의 토끼를 놓치지 않고 잡을 수 있다는 것이다.

경제학 박사가 아닌 나는 재테크의 종류를 나름대로 크게 두 가지로 분류하고 싶다. 부동산과 금융상품으로 말이다. 부동산은 굳이 말하지 않아도 좁은 땅덩어리가 얼마나 배가 불러졌는지는 소외된 지방을 제외하고 서울을 비롯한 신도시의 집값과 땅값이 갈 때까지 갈 거야라고 말을 하고 있다. 물론 부동산으로 톡톡히 재미를 보거나 소위 말하는 신분이 상승해 여유를 부리며 지난날을 까맣게 잊고 지내는 성공한 사람들도 많다.

그러나 부동산은 주식처럼 투자금액이 천만 원, 2천만 원으로 시작하는 것이 아니다. 적어도 몇 억 단위의 금액을 손에 쥐고서 운용할 수 있는 자금여력이 풍부해야만 가능하다. 그리고 쉽게 환금성이 잘 따라주지 않을 때는 난감할 수도 있다는 것쯤은 알고 있어야 한다.

우리가 투자 상품을 고를 때는 반드시 투자의 3대 조건을 알고 있어야 한다. 그래야 자신에게 맞는 재테크 상품을 고를 수 있기 때문인데, 그게 바로 환금성, 안전성, 수익성이다. 나는 이 세 가지 조건을 갖춘 상품이 바로 주식상품이 아닌가 조심스럽게 말하고 싶다. 나는 이 책을 쓰면서 행여 주식투자로 손실 본 사람들에게 질타라도 하지 않을까 하는 걱정도 해보았다. 그러나 강하지 않으면 남에게 밟히는 이런 세상에서 오로지 자신만의 노력으로 신분 상승을 꿈꾸는 이들에게 바로 주식이라는 구원의 메시지를 전해 주고 싶다. 그렇다고 당장 모든 것을 내팽개칠 만큼은 아니라는 나의 말뜻도 함께 이해해주었으면 한다.

행여 내가 주식 광신론자처럼 비쳐질까 겁이 나기도 한다. 한 번 더 말하지만 주식은 모르고 덤비면 패가망신한다는 말을 꼭 덧붙이겠다.

그렇다면 주식으로 성공할 수 있는 방법이 무엇인가? 주위에 성공한 사람들이 성공의 열매를 얼마 만에 거두어들이는가를 보면 다들 똑같지 않고 각각 개인차가 있다. 이처럼 주식도 오래 했다고 해서 반드시 성공한다는 공식이 성립하지 않는다.

주식 속에는 오묘한 진리가 있고 정답을 찾고자 한다면 정답 또한 있다. 그건 바로 끝없이 자신과의 고통의 싸움인 연습매매를 통해 자신을 이기는 것이다.

흔히들 주식투자로 패가망신하는 일은 한순간이라며 주식투자에 대한 경각심을 일깨워준다. 맞는 말이다. 돈을 잃는 것은 한순간이지만 그것을 복구하는 데는 잃은 시간의 몇 배가 걸린다는 점을 명심해야 한다. 실패한 사람들 대부분의 레퍼토리는 처음에 이러쿵저러쿵 하다가 결국 쫄딱 망했다는 얘기다. 이러쿵저러쿵 되지 않으려면 나는 주식시장에 수업료를 지불한다고 생각하고 자신의 매매원칙을 찾을 때까지 주식시장에 상존하는 1,500여 종의 생물과 모두 한 번씩은 맞짱뜨는 일을 해보라고 말하고 싶다. 절대로 돈을 벌겠다는 목적이 아니라 주식이라는 것이 무엇인지 배운다는 의지로만 말이다. 흔히 단타는 주식시장에서 투자자들을 잡아먹는 물귀신으로 보는데 나는 절대로 그렇게 생각하지 않는다.

사실 개인들이 워렌버핏 할아버지를 따라서 장기투자를 한다는 것은 어렵다. 만약 모두가 그렇게 한다면 문 닫을 증권사도 많을 것이다. 그것도 그렇지만 지금은 기관이나 외인들도 베트를 짧게 잡고 치는 것을 보면 모두가 다 같은 마음이라고 볼 수 있다.

아무래도 주식투자는 마음이 편해야 하는데 무수히 쏟아지는 루머와 정보가 난무하고 각종 신종 사건들이 나오면서 주가가 춤을 추듯 등락을 거듭할 때 과연 개인들의 마음이 흔들리지 않고 버틸 수 있을까? 차라리 주식을 모른다면 모르지만, 안다면 견디기 힘든 시간이다. 이런 상황 때문에 개인들이 정석 플레이를 한다는 게 힘이 들지 않나 싶다.

그렇다면 단타도 무턱대고 하는 것이 아니다. 장기투자보다도 지켜야 할 원리 원칙이 더 많다.

종목을 움직이는 세력 형님들 뒷조사까지 해서 전날 형님들이 부부싸움은 하지 않았는지, 전날 먹은 술이 아직 덜 깨지는 않았는지도 파고들어가야 하는 험난한 고난도의 기술이 필요하다. 이래서 단타가 어려운 것이다. 어렵지만 어려운 만큼 누릴 수 있는 혜택 또한 많다. 장기투자는 상승장에서만 빛을 본다지만 단기투자는 상승장이든 하락장이든 기술만 좋다면 아무런 상관이 없다는 유리한 점을 가지고 있다.

주식시장에서 적어도 3년 정도 지내봤다면 1천만 원으로 하루 10만 원 버는 것은 아무 일도 아니라는 것을 공감하는 투자자가 많을 것으로 본다. 하루 10만 원이면 한 달의 휴일을 뺀 거래일수가 대략 20일 정도인데 매일 수익을 내지 못하고 20일 중 10일만 수익을 낸다고 해도 100만 원이다. 수치상으로 10퍼센트의 수익인데 그게 적단 말인가? 그것뿐만 아니라 마음의 리스크가 줄어든다는 것이다. 단타는 그날 매수 매도가 끝나기에 굳이 이불 속에서 주식 걱정을 하지 않고 편안한 밤을, '오늘 밤은 여기까지만' 이라는 비디오를 찍으며 잠들 수 있는 것도 주식투자를 하면서 얻는 작은 행복이라고 본다.

엄마에겐 모성애, 아줌마에겐 돈성애가 있다

주식투자를 하는 투자자들 중 수익률 대회에 참가해서 수상이라도 하게 되면 자신이 그동안 갈고 닦은 비법 때문에 주식으로 성공할 수 있었다며 어깨를 들썩거리며 비법을 공개할 때가 있는데, 사실 비법이라는 것은 세상에 공개되는 순간부터 더 이상 비법이 될 수가 없다. 자신이 터득한 비법은 자기 혼자서 활용해서 그것을 이용해 수익을 내는 비법일 뿐이라고 말할 수 있는 것과 같다.

같은 매매 기법을 쓰는 사람이 똑같이 세 명만 있어도 매매가 실패하기 때문에 책으로 찍어낸 매매기법은 모두가 비법이 될 수 없다. 단지 책들은 참고서일 뿐이다. 서점가에 널려 있는 주식에 관한 책들을 모조리 사서 읽고 그 방법을 적용한다고 해도 수익과 직결되지 않음은 이미 경험해보았을 것이다.

그러니까 내가 하고 싶은 말은 자신만의 인생살이, 자신만의 비법으로 무장해야 한다는 것이다. 그런데 특히 여성들은 그런 비법에 관심이 없는 경우가 많다. 그러나 아줌마들이 이 세상의 주체자임은 분명한 사실이다. 주위를 차분히 돌아보면 아줌마 없이 되는 일이 없지 않은가. 이 시점에서 그 속을 파헤쳐보면 무궁무진한 성장호르몬을 가지고 있는 아줌마들이 왜 자신의 몸속에 흐르고 있는 성공DNA를 찾지 못하고 서성이고 있는지 반문해보고 싶다.

'세상은 거칠게 다룰 필요가 있다. 길은 내가 만든다'라는 어느 광고문구가 아닐지라도 이제 아줌마 인생을 한 단계 끌어올리는 작업이 필요하다.

지금 내가 살고 있는 여기 중국은 일상의 작은 일들이 모두 남녀평등하게 이루어져 있다. 중국 사람들이 낮에 업무적으로 낮술을 마신다고 얘기한 적이 있는데, 그것은 단순하게 그냥 술이 좋아 낮에도 마시고 밤에도 마시는 것이 아니다.

거의 모두라고 해도 지나치지 않을 만큼 중국의 부부는 맞벌이를 한다. 그래서 저녁에는 일찍 귀가해서 행여 아내가 늦으면 아이도 돌보고 저녁준비도 해야 하기에 그렇게 하는 것이다. 이렇게 되기까지는 무엇보다도 가정경제에서 아내도 한몫 했다는 데서 그런 권리가 나왔을 것이다.

그렇다면 대한민국 아줌마가 누구인가? 우리네 아줌마는 무대포 정신으로 무장돼 있지 않은가 말이다. 그렇기에 모든 것을 할 수 있고 가능하다고 본다. 이제 자식에게 노후를 의존해야 하는 시대는 지났다. 어머니라는 고귀한 이름으로 자식들에게 모성애를 바쳤다면 이제는 자식들로부터 독립할 수 있는 떳떳한 자금을 만들어야 할 때다. 아줌마의 돈에 대한 사랑을 실천할 때가 온 것이다.

아줌마들에게 다시 한 번 일어서라고 말하고 싶다. 지금도 늦지 않았다. 볕이 한 번 들었다고 봄이 다시 오지 않는 것이 아닌 것처럼 절대로 한 번의 실패에 주저앉지 말아야 한다. 성공은 절대로 우연처럼 만들어지지 않기에 실패 속에서 성공의 꽃이 필 수 있도록 노력해야 한다.

주식시장에서는 입으로 돈을 버는 얘기들이 정말로 많다. 맞다 아니다를 떠나서 가능성은 얼마든지 있다. 흔히 500만 원으로 1억을 벌었네, 1천만 원으로 10억을 벌었네, 2천만 원으로 30억을 벌었네, 심지어는 반찬값으로 1백 억을 만들었다는 얘기들이 나도는데, 나는 이런 얘기들이 전혀 근거 없는 말들은 아니라고 생각한다.

지금껏 내가 목 터지게 노래를 불렀던 '욕심을 버려라'와 주식의 달인이 되기 위해 죽기 살기로 종목들의 감춰진 비밀을 낱낱이 파헤친다면 못 이룰 것도 없다. 그렇게 된 어느 날 아줌마가 아닌 사모님이 되어 '김기사아~~운전~~해' 하는 소리가 자연스럽게 나오게 될 것이다.

만만디, 조급해하지 말지어다

내가 살고 있는 이곳 중국은 만만디(행동이 굼뜨거나 일의 진척이 느림을 의미)의 세상이다. 가령 무슨 일로 '기다리세요' 하면 넉넉잡아서 1시간이나 2시간은 말없이 기다려야 하고 나처럼 성질 급한 사람이 자꾸 보채면 한 시간 정도 당겨지기도 한다.

이렇게 늦기는 하지만 중국사람은 아무리 늦어도 절대로 포기하지 않고 아무리 늦어도 결국 가기는 간다는 데는 더 이상 토를 달 수가 없다. 한 번은 내가 아는 사람이 중국 북방 쪽에 위치한 청도를 갔는데 돌아오는 길에 눈이 너무 와서 비행기가 지연되기를 수차례 해서 못 오는가 생각했다고 한다. 하지만 결국 새벽 3시에 무사히 도착해, 그들의 임무완수 정신에 감동했다는 거였다.

어찌 보면 미련한 발상이라고 할 수도 있겠지만, 배울 점 또한 분명히 있다. 그들의 만만디 정신이야말로 어떤 면에서 '무조건 기다리면 때가 온다'는 주식의 정신인 것이다. 내가 이곳에서 중국어를 배우면서 항상 가슴에 담고 있는 말 또한 부용짜오지(不用着急), 즉 조급해하지 말라는 말이다.

야구에서도 9회 말 투아웃부터라는 말이 있는 것처럼 '끝날 때까지 끝난 것은 아니다'라는 말이 있다.

주식도 아무리 엇박자가 나서 억 소리가 난다 할지라도 주식으로 성공해서 박수 받고 떠나기 전까지는 끝난 것이 아니다. 그러므로 절대로 조급해할 필요가 없다. 반드시 시행착오를 거듭해야 하며 더 이상 연습이 아닌 실전상황이 되었을 때, 그때는 '무조건 기다리면 때가 온다'는 말이 의미하는 바를 곱씹어 자연스럽게 그

이치를 깨달아야 한다.

　주식시장에 뛰어들고자 하거나 이미 뛰어든 대한민국 아줌마들이여, 분투할지언정 만만디, 조급해하지는 말지어다!

백수아지매, 이난희

KI신서 1390

백수아지매, 주식으로 10억 만들기

1판 1쇄 인쇄 2008년 5월 21일
1판 1쇄 발행 2008년 5월 28일

지은이 이난희 **펴낸이** 김영곤 **펴낸곳** (주)북이십일 21세기북스
기획 김수연 **편집** 오원실 **마케팅** 주명석 **영업** 최창규
출판등록 2000년 5월 6일 제10-1965호
주소 (우413-756) 경기도 파주시 교하읍 문발리 파주출판단지 518-3
대표전화 031-955-2100 **팩스** 031-955-2151 **이메일** book21@book21.co.kr
홈페이지 book21.com **커뮤니티** cafe.naver.com/21cbook

값 10,000원
ISBN 978-89-509-1449-3 13320